KB169175

삶을 똑바로 마주하고

최현숙의
사적이고 정치적인
에세이

삶을 똑바로 마주하고

글항아리

십대 중반에 글을 써서 밥을 벌고 싶다는 생각을 했다가 마흔 넘어부터 시작할 일이라고 여겼다. 마흔 즈음에 한바탕 글쓰기에 집중했고, 포기했다. 나를 갉아먹을 뿐 아니라, 해야 할 다른 일들마저 엉망이 되어버렸기 때문이다. 그 후로 내가 쓴 글은 주로 성명서와 보도자료와 규탄서와 기획안이었고, 가끔 일기를 썼다.

오십 중반이 넘어, 노인 돌봄노동자로 밥을 벌기 위해 만나는 가난한 할머니들이 주절주절 늘어놓는 생애 이야기가 내 머리채를 잡아끌었다. 글을 쓴다기보다 그들의 생애사를 기록해서 세상에 공유해야 한다는 생각에 글이 써졌다. 그 후로 주로 가난한 사람들의 생애를 기록했다. 여기 모은 글들은, 타인들의 생애 기록 외에 그동안 써놓았던 짧은 글들에서 고른 것이다. 지난 1년간 3주에 한 편씩 쓴 한겨레 신문 칼럼들이 모아졌기에 그 전에 『작은

책』『갈라진 시대의 기쁜소식』 등 여러 지면에 발표한 글들을 함께 묶어서 낸다.

어린 시절 떠돌이로 살고 싶었다. 만난 사람들과 어울리며 떠돌 돈과 밥을 벌기 위해 잠시 머물다가, 또 떠나며 살고 싶었다. 태어난 가족과 24년, 내가 만든 가족과 24년을 살고, 이후 14년간은 대체로 2년마다 이주를 하고 있다. 잘 떠돌기 위해서는 짐 없이 한 칸 방에 혼자 사는 것이 좋고, 구경을 즐길 줄 알아야 한다. 구경꾼이 되려면 호기심과 더불어 자기 시선이 있으면 된다. 문을 열고 나와 사람과 세상을 구경하고, 문을 닫고 들어앉아 구멍 하나를 벼려 사람과 세상을 기록한다.

지난 3월의 이주는 수원으로 정했다. 부모님 가까이에서 두 분의 늙어 죽어감을 밀착해 관찰하고 기록하기 위해서다. 그 김에 가난한 노인들과는 다른 세상에 사는 부자 노인들의 사는 맛과 늙어 죽어감도 보고자 한다. 혈연으로 얽힌 김에 그쪽 구경도 해보자는 생각이다. 대부분은 남 앞에 천박으로 내몰릴 일 없이 교양 부리며 살아온 노인들이다. 박근혜 탄핵 정국에 태극기 집회에 잠입하던 표리부동한 다중성으로, 빈곤과 늙음의 늪이 확장하는 시절에 당분간은 실버타운을 구경할 생각이다. 계급과 젠더를 담지

하되 규정하는 습翫은 털고자 한다. 분노야 마땅하지만, 신경질은 내 소갈머리 탓이다.

혼자 산다는 건 환호도 신음도 대체로 묵음으로 삼키는 거다. 바로 전 열어본 메일에서 이다혜 작가가 추천사를 써주기로 했다는 소식을 읽고는, '아싸' 하고 소리를 냈다. 아마 만난 적은 없을 듯한데, 통증이 들락거리는 허리를 위해 '거꾸로 매달리기'를 한 채 그녀의 방송에 집중하곤 했다. 내 일정에 맞춰 작업을 진행해준 이은혜 편집장을 비롯해 글항아리 출판사 식구들에게 감사한다.

소소한 일상이나 흔해빠진 사람들의 흔해빠진 생애 이야기, 혈족이나 내 속에 관한 기록들이 어떤 쓸모가 있는지를 늘 고민한다. 특히 내 것이든 남의 것이든 고통과 가난, 늙어 죽어가는 과정을 세세하게 기록하는 일의 쓸모를, 글 하나마다 노려본다. 위험하고 무례해서다.

2018년 10월 수원 원룸에서

차례

2부
치열하게
중심을 잡고
살기

3부
비하와 경멸은
당신들 몫이다

1부 이런 삶은 모른다고 하는 당신에게

'좋은 여자'와 '미친년' 사이

요즘도 가끔 꾸는 꿈의 한 종류. 내 두 자녀가 아직 영유아기다. 꿈속에서 나는 집 안팎의 온갖 일과 바깥일에 바쁘다가, 아기에게 젖이나 밥 등 먹을 것을 주거나 기저귀를 갈아준 지가 너무 오래되었다는 것을 문득 깨닫는다. 그러면서도 그 일들을 하지 못할 정도로 계속 바쁘다. 이러다간 아기가 죽을 수도 있다는 걱정을 혼자 한다. 누군가에게 말했다가는 '미친년' 소리를 들을 게 뻔하다는 생각도 꿈에서 한다. 조바심과 죄책감 속에 서둘러 찾아 상태를 확인한 아기는, 살아는 있지만 다른 아기들보다 훨씬 작고 말라 있다. 그러면서도 계속 바쁘고, 아기를 먹이지 못한다. 죄책감도 조바심도 여전히 눌어붙어 있고.

그런 꿈에서 깨어나면 섬뜩하고 징그러우면서도 한편 웃음이 나온다. 나는 약간 함몰된 젖꼭지여서 많은 사람이 우유 수유를 권하는데도 둘 다 적당한 시기까지 모유 수유를 했다. 젖을 물릴 때마다 젖꼭지 살갗이 찢어지는 아픔과 출혈을, 매번 말 그대로 이를 악물고 눈물을 찔끔거리며 참았다. 아기들이 조금 크고 나서는 곡식과 야채와 생선과 육류 등으로 이유식을 직접 손으로 만들어 먹였다. 재료들을 다져 약한 연탄불 위에서 오래오래 끓인 후 뜨거울 때 체에 받쳐 일일이 치대어 내려 유동식으로 만드느라고 늘 손목이 아팠다. 비락이니 하던 편리하고 비싼 이유식을 사 먹이기에는 돈이 없기도 했고, 내게도 소위 말하는 '좋은 여자'로서의 생애 시절이 한동안은 있었다.

'좋은 여자', 특히 '좋은 엄마'란 막중한 이데올로기의 문제다. 당사자 여성뿐 아니라 모든 사람마다 해석이 제각각이며, 한 사람 안에서도 이성과 감성이 서로 배반하는 소리를 내기 일쑤다. 나 역시 내 생애 동안 그 해석을 계속 이동해왔고, 앞으로도 얼마만큼은 계속 이동해갈 것이다. 확실한 것 하나는 당시 내 주변뿐 아니라 나 스스로도 '새끼들 먹이는 문제'에 관해서만큼은 지나치게 집중한다고 느꼈던 점이다. 그런데도 만 예순을 한 해 넘기고 자녀들이 37세와 34세인 지금도 그런 꿈을 꾸는 것은 '좋은 여자', 그중에서도 특히 '좋은 엄마'에 관한 스트레스나 콤플렉스가 내 속에 지독히 뿌리 깊게 남아 있다는 증거다. 내면이 그렇다는 것은 일상의 경험이 그렇다는 것이다. '좋은 여자'와 '미친년' 사이를 널뛴 기억들. 혹은 지금도 여전히 내 일상 한 귀퉁이에 그 '좋은 여자'와 '미친년'이 웅크리고 숨어 있다.

자식을 향해 보이는 엄마들의 모성애, 특히 극단적인 상황에서 보이는 동물적 모성애를 그린 영화나 글을 접할 때마다, 나는 불안과 이질감과 죄책감이 뒤엉키고 헝클어진 통각痛覺에 휩싸인다. 그녀들의 극단적 모성애를 거울삼아, 자식에 대한 내 태도를 비춰보는 것이다. 이는 모성애라는 규범에 관한 부지불식간의 자기감시다. 감성, 감정, 특히 동물적·본능적 감수성이라고 말해지는 것들에 대해, 나는 의심한다. 내 안에서 차올라오는 것들의 감성에 대해서도 그렇다. 모성애의 명확한 의미와 유래, 쓸모와 공공성을 늘 의심한다. 그럴 때마다 나는 이성과 감성 사이를 오락가락하며, 자기 분열적이 된다. 때로 감성에 치받혀 통곡을 하면서도, 내 통곡의 내용물을 의심한다. '나는 대체 무엇에 대해 왜 울고 있는가?' 모성애라는 타인에 대한 감성에도 그렇지만, 쌍을 이루어 같이 오는 자기 연민에 대해서는 의심의 날을 더 세운다. 울면서, 통곡하면서, 연민하면서, 그러고 있는 내 감성들을 이성으로 응시한다.

죄책감을 가질 필요는 없는 일이다. 죄책감은 훈련되고 학습된 (사육된) 수치심일 수 있다. 나는 나 자신에 충실하면서 내 감성과 이성의 흐름에 나를 담고, 그런 나를 주시하면 된다. 울음이 복받치면 울되, 그 울음이 의심될 때는 의심을 이어간다. 울음이든 의심이든 내 안에 존재하는 것들이다.

이질감. 오로지 감정적이기만 할 수 있는 사람들에 대한 이질감 혹은 이물감이다. 모두가, 거의 대부분이 저러는데, 나는 그렇지 않음에서 오는 거리감이다. 이 느낌은 당연하다. 이질이고 이물이다. 다르다는 것을 두려워할 필요는 없다.

불안 역시 당연한 느낌이자 상태다. 불안은 자기와 다른 무엇을 스치는 순간 모든 생명체가 갖는 자기 보존 본능이다. 피하지 않고 대면하는 것이 최선이다. 그 불안을 응시하며 스스로 걸어 들어가고 스스로 걸어 나오면서 사람은 성숙해질 수 있다. 피하는 것은 오히려 미숙이거나 퇴행이다.

자신이 낳은 생명을 키우고 돌보는 감성이자 힘인 모성애는, 많은 경우 문제적으로 빠져버린다. 자폐적이고, 자기(집단) 중심적으로. '본능'이니 '일반적'이니 '정상적'이니 하는 언어까지 붙인 채, 다른 느낌과 언어와 사람을 비난하고 비정상으로 몰아붙여 단죄하면서.

작은아들이 17세 즈음 가출을 했었다. 그를 찾아 나서지 않는, 혹은 자기처럼 걱정하지 않는(걱정을 드러내지 않는) 나를 향해 남편은 심한 비난을 했다. '자기 발로 나간 아이가 자기 발로 들어오기를 기다리겠다'는 것이 내가 남편에게 한 말이었다. 그 말을 정리해내는 동안 나는 많이 힘들었고, 그 말을 하고 태도를 견지하면서도 아이가 돌아올 때까지 힘들었다. 사실 나는 훨씬 더 독한 각오까지 했다. '그가 주검으로 돌아오는 것까지, 하여 내 남은 삶이 자책과 주변의 원망에 짓눌리는 것까지도 나는 감수하겠다'는 것이 당시 홀로 정리한 감성과 이성의 경합물이었다. 그때의 불안과 이질감과 죄책감은 이후로 내 안에 계속 남아 있고, 기회 있을 때마다 끌어내져 나를 다시 들여다보게 한다. 그 들여다봄이 거듭 될수록 나는 차차 편해지고, 나 자신이 되어가는 것을 느낀다. 그 게 나다.

'한 여자가 어떻게 자기 자신이 되어가는가?'를 생각하며, 꿈속의 나뿐 아니라 비슷하고 다른 모든 여자에게 응원을 보낸다.

속도와 효율에 대한 강박

일상의 증상들

외출했다가 집에 들어오자마자 하는 내 동작과 머리 굴리기는 시간에 대한 강박증을 여실히 보여준다. 컴퓨터를 켜고, 백팩을 내려놓고, 휴대전화를 충전기에 꽂고, 옷을 갈아입고, 사온 야채 등을 냉장고에 넣고, 화장실을 가는 등 일련의 동작이 겉보기에는 차근차근 이어지는 것 같지만 머릿속에서는 계속 그 순서를 줄 세우거나, 몸 동선의 어리석음을 알아내고 있다는 것이다. '또 시작이군' 하며 스스로를 웃어주지만 이미 시작된 짓은 계속 이어진다. 순서를 생각하며, 생각의 순서와 엇갈리는 몸의 순서도 짚어내느라 머리는 이중으로 종종댄다. 몸까지 종종댄다고 하기에는 최소한의 살림살이를 소신으로 하는 독거의 생활인지라 단출하기 이를 데 없다. 게다가 넓지도 않은 원룸이니 동선이라봤자 꼼지락거리는 수준이다. 결론을 내자면 아무 효율도 없는 일에 머리만 혼자서 효율강박증을 떨치지 못하고 있다는 얘기다.

여름이면 선풍기를 켜고, 샤워하고, 가방 속의 물병을 꺼내 물을 채워 냉장고에 넣는 일까지 더해져 머릿속을 더 번잡하게 만든다. 요즘은 컴퓨터를 켜자마자 '오늘의 미세먼지'를 검색해 창문을 열지 말지를 결정한 뒤 여는 과정도 하나 더 보태졌다. 거기에 배가 고프기라도 하면 허기로 인해 안절부절못하기까지 하면서, 먹을 걸 (만들어) 입에 넣는 일까지 더해진다. 생각해보면 그 소소하고 잡다한 일들이 문제가 아니라, 일련의 일을 '빠른 시간 안에 해야 한다'는 시간강박증이 문제다. 시간강박증이 문제라는 생각을 하는 것 자체가 저 머릿속 좌충우돌에 생각거리 하나를 더 보태고 있는 거다. 병적이라는 생각이 들 정도다. 병까지는 아니더라도 강박증임에는 틀림없다.

두 아이 초등학교 시절의 아침 시간이 최고조였을 것이다. 새벽에 혼자 깨어 무엇을 하든 혼자만의 시간을 고수하다가, 적당한 시점부터 집안일을 시작했다. 밥하고, 반찬 하고, 청소하고, 빨래 돌리고, 아이들 챙기고, 밥 먹이고, 학교 보내는 일을 한꺼번에 동시에 처리해야 했다. 육아와 직장생활을 함께 했거나 하고 있는 여성들이라면 이 글을 읽으면서 자기 모습이 저절로 떠오르리라. 아침마다 전쟁이라고 표현되는 소위 '멀티'를 해야 했다. 게다가 나는 컴퓨터의 밀린 뉴스나 시사 프로그램들에도 집중해야 했다. 머리가 하는 일과 몸이 하는 일은 동시에 처리할 수 있다고 생각했다. 아니, 그렇다기보다 동시에 처리되어야 살아지는 일상이었다. 그러니 머리와 몸, 두 분야의 일을 동시에 선택하고, 그중 몸의 일은 또 두 가지 이상을 배치했다. 밥을 안쳐놓고 빨래를 돌리며, 아이들을 독려하고 챙겨주며, 방에 있는 컴퓨터의 시사 프로그램 다시보기의 스피커 볼륨을 크게 올려놓고 부엌에서 반찬을 만드는 식이다. 집에 텔레비전이 있던 그때도 텔레비전 앞에 앉아 시사 프로그램'만' 볼 여유는 없었다. 일단 시간을 맞추기 힘들었다. 그러니 꼭 봐야겠다고 생각하는 프로그램은 대체로 컴퓨터 다시보기로 챙겼고, 그조차 모니터'만' 들여다보고 있을 여유가 없었다. 컴퓨터 모니터를 포기한 채 소리만 들으며 다른 일을 하든가, 화면을 꼭 봐야 하는 프로라면 뭔가 손으로 할 일을 챙겨 컴퓨터 앞에 앉았다. 텔레비전이 아예 없고 노트북을 쓰는 지금도 마찬가지다. 뉴스나 시사 프로그램의 대부분은 청소, 요리, 안마, 운동 등을 하며 다시보기로 시청한다. 화면을 들여다보지 못하니 시청이라기보다는 청취다. 꼭 화면을 봐야 하는 프로그램을 시청할 때는 노트북 앞에서 미뤄둔 바느질을 하거나 마늘을 까고, 하다못해 나중에 밥에 넣을 은행 알이라도 미리 까서 냉동실에 쟁여놓는다. 글 수정 작업을 하고 있는 지금도 마찬가지다. 저녁 8시 직전에 노트북으로 뉴스를 켜놓고, 노트북 앞 의자에 앉아 안마와 허리 핫팩과 아령 운동을 하며 뉴스를 즐겼다. 이렇게라도 화면 앞을 지킬 수 있는 건 드문 일이다. 요즘은 특히 책 읽다 녹음해둔 주요 부분을 드라이브에 보관했다가 다시듣기를 하며 살림을 처리하는 때가 많다.

그래, 내게 살림은 날 하나하나 지워나갈 처리의 목록이었다. 집안 살림과 나, 집안 살림과 사회 사이에서 몸과 정신도 늘 첨예하게 종종거렸다. 그러느라 어느 쪽에도 부족했지만 무엇도 포기하지 않았다. 그 '부족' 가운데 유독 '새끼에 대한 부족'이 자괴로 남아 회갑이 지난 지금도 수시로 꿈으로 올라온다. 젖을 못 먹이고, 밥을 못 차려주고, 교복을 못 빨아주고…… 서른일곱의 큰아들과 대면을 하고 나면 이 꿈에서 벗어나지려나……

원인들

시간강박은 내 머리와 몸에서 효율성, 근면과 성실, 절약, 자본주의와 산업사회, 부모와 남매 등 원가족, 쓸모, 사명감, 헌신, 도구, 중독증 등 많은 단어와 연관된다. 그 연관은 일목요연하지 않고 얽히고설켜 있다.

어린 시절을 돌아볼 때 한가함의 대명사라 생각했던 아버지에 대한 반감과, 아버지를 대신해 경제적 가장 역할을 했던 엄마 입에 붙어다닌 '평생을 종종거리며 살아야 했다'라는 입말이 떠오른다. 당신 나이로 서른 초반부터 '평생'이라는 단어를 입에 달고 살았던 엄마는, 결국 거의 '평생'을 돈 버느라 종종거렸다. 아버지를 미워하느라 엄마를 미워할 새가 없었던 나는, 엄마 입에 붙은 불만을 싫어하기보다 그 고단함에 공조하는 마음이었다. 게다가 아버지처럼 되지 말아야 한다는 생각에 부지런한 엄마 쪽에 나를 실었던 것이다. 큰딸인 나는 실제로 바쁜 엄마의 구멍 난 집안 살림을 대강이라도 채워줘야 하는 사람이었다. 놀기도 좋아하고 공부도 재미있어하며, 저녁이면 엄마의 '일수놀이' 수금을 대신하면서 돌아다니느라 초등학교 저학년 때부터 바빴다.

절약에 관해서라면 엄마의 영향이 막강하다. 그럭저럭 살 만했다는 내 느낌과 달리, 돈 안 버는 남편과 다섯 자식을 둔 엄마의 가계에 대한 느낌은 전혀 달랐다. 전깃불에 대한 엄마의 잔소리는 늘 듣기 싫었지만, '꼭 필요한 전기만'이라는 습관은 내게 고스란히 남아 있다. 두 분 합산 2억 원의 개별 공간 보증금과 600여 만 원의 월 생활비를 내는 실버타운에서 엄마는 최근까지도 전깃불을 꺼대고 화장실 휴지를 아꼈다. (인지장애증이 심해지면서 2018년 1월부터 엄마는 공동 케어 공간으로 옮겼고, '절약 습성'을 상당히 잃었다.) 집에 있을 땐 낮 시간에도 전등을 켜놓아야 하는 내 원룸의 2018년 6월분 전기요금은 4330원이다. 화장실 물은 설거지한 물을 재사용하고, 그나마 소변마다 물을 붓지는 않는다. 우선적인 문제의식이 생태인지 돈인지 헷갈리는데, 남의 집 가서도 소변 한 번에 물 내리는 데 죄의식 비슷한 느낌이 드는 걸 보면 적어도 내게는 생태가 우선인 절약 습성이다.

내가 '아버지의 집'을 떠난 스물세 살까지(1980년) 봤던, 방 벽들이나 책상 위에 놓인 시계들에 관한 기억도 짙다. 대여섯 개는 됐던 그 시계들이 가리키는 시각은 모두 달랐다. 5분 빠른 것, 7분 빠른 것, 15분 빠른 것, 이런 식이다. 그러다가 시계 하나가 죽기라도 하면 "그래도 저 시계는 하루 두 번은 정확하게 맞네"라며 남매끼리 농담도 했다. 각각의 시계가 몇 분 빠른지에 대해 식구들 모두 정확히 알고 있었다. 최근 오빠의 해석에 따르면, '절대 시간 약속에 늦지 말라'는 이유로 시각을 앞당겨놓았다는 것이다. 그 해석이 맞는지는 정확하지 않다. 하여튼 아흔 근처의 부모를 빼고 내 친정 식구들 모두 시간에 대한 강박이 있다. 놀자고 모이는 식구끼리의 약속에서 이토록 시간 약속에 철저한 것은 좀 비정상이다, 하하하. 시간뿐 아니라 근면과 성실 면에서 내 남매들은 단연 최고 수준이다. 그들과 다른 삶의 지향, 소신을 가지고 살아온 내게 '나는 오빠만큼 성실한가?'는 스스로를 검열하는 무의식적 기준이었다. '성실'은 그 자체로 올바르다고 할 수 없지만, 내가 함께 일할 사람을 간보는 첫 번째 기준이다. '어쨌든 성실은 좋은 거잖아'라는 세 살 위 오빠와 달리, 나는 '어떤 성실은 죄악'이라고 여긴다.

1957년생인 나는, 자아를 알아차리고 정체성을 형성하는 20대 초반까지의 시절 동안 박정희 치하에서 살았다. 1964년 초등학교에 입학했고, 1980년에 대학을 졸업했다. 박정희는 1961년에 집권해서 1979년 살해당하며 정권을 놓았다. 박정희 정권 동안 학교를 통해 주입된 산업사회의 근면과 절약 속성은, 학교 성적도 좋고 대체로 임원을 맡았던 내게 깊이 내면화되었다. 내 성장기였던 산업사회에서 시작된 자본주의적 가치 중 효율과 속도는 내 일상과 관점에 결정적인 영향을 주었고 아직도 깊게 남아 있다. 근면, 성실, 절약과 연관되고, 효율강박이나 조급증과도 직결된다. 모든 것이 그렇듯 긍정과 부정이 공존한다.

2016년 말로 월급을 받는 출근생활이 끝나면서 조급증은 상당히 없어졌다. 물론 글쓰기와 강의 준비 등에서 여전히 증상이 남아 있기는 하다. 돈과 시간 면에서, 내 기준의 안정권은 일단 확보해놓고 보는 게 평생의 습관이다. 환갑을 거치는 가운데 몸의 속도와 효율이 줄면서 일상은 훨씬 더 단출해졌다. 하고 싶은 일에 집중하고 나머지는 최소한으로 줄이다보니 마음도 시간관념도 넉

넉해졌다. 적절한 시기의 자유죽음이나 지금 이후 닥쳐오는 죽음은 '뭐, 땡큐다'라는 마음이고 보니, 강박 없는 성실이 가능해지는 느낌이다.

두려움과 혐오를 티 내지 않고 감춰서
문제에 휘말리지 않은 날에 대한 되새김질

2016년 1월 12일 화요일 오후 2시 30분경. 나는 서울 마포구 '구수동 사거리'에서 광흥창역 4번 출구 인근 사거리를 향해, 6차로 창전로의 오른쪽 인도를 걷고 있었다. 3시에 대흥역 인근 노인 집에서 독거노인 다섯 명과 뇌졸중 관련 생활교육 약속이 잡혀 있었다. 지하철 한 정거장 거리니 걷더라도 10여 분은 남을 듯싶었다.

마포구 대흥동의 32명 독거노인에 대한 돌봄서비스는 내 밥벌이 임금노동이자 글쓰기와 사회운동의 현장이다.

1일 5시간의 최저임금 근로계약서를 매년 갱신하고 있다.

．

．

．

그가 눈에 들어오면서 가장 먼저 떠오른 것은 '노숙인 같다'는 생각이었다. 낡고 칙칙하고 더러운 국방색 상하의에다 모자를 쓴 남자. 아니, 아직은 '더러움'까지는 확인할 수 없는 거리였다. 얼굴과 손의 피부 빛도 짙은 갈색이었다. 그는 국판보다 약간 작은 판형의 책을 펼쳐 읽으며 두 사거리 사이 중간 지점 인도 한가운데에 서 있었다. 책도 사람만큼이나 낡아 보였다. 낱장들이 너덜거렸고, 표지는 구겨졌으며 조금은 찢긴 듯도 했다.

.

.

내 눈이 그를 잡았다 놓은 건 7, 8미터 거리 중 4미터 정도 동안이다. 그가 책을 보고 있어서, 잠깐이지만 찬찬히 그를 주시할 수 있었다. 얼굴도 주목했는데, 책을 보느라 고개를 숙인 탓에 얼굴을 자세히 알아차리진 못했다. 차차 줄어드는 거리 때문에 계속 주시할 수는 없었다. 여차하여 눈을 마주치기까지 하는 상황은 만들지 말아야 한다. 우선 예의 차원에서 그렇다. '저런' 사람에게는 주시 자체가 차별로 느껴질 수 있다.

.

.

게다가 주시를 들켰다가 위험한 돌발 상황이 벌어질 수도 있다. 예상되는 돌발 상황은 '뭘 쳐다봐!'라는 시비부터 신체 폭력까지다. 어떤 돌발 상황이든 2미터의 인도 폭은 안전하지 않다. 무사히 지나가기 위해 할 수 있는 최선은, 못 본 척 지나치는 거다. 그러고 보니 눈을 마주치지 않은 이유는 거의 오로지 나를 위해서다. '예의 차원'이 아예 없다고야 할 수 없지만, '저런' 사람에 대해 '우선 예의 차원에서'란 말은 위선이자 교양 떨기다. 그는 위험할 수 있는 사람이다.

안전거리가 확보된 채 노숙인을 지나칠 때, 나는 늘 생애구술사 주인공으로서의 노숙인을 떠올렸다. 강사진으로 참여했던 중앙대 인권 강좌에서 만난 한 노숙인에게도 생애구술사 제안을 일찍이 해놓은 터다. (대강의 수락을 표시하기에 이후 여러 번 전화와 문자를 했지만, 그는 답하지 않았다.) 하지만 이번의 경우는 '생애구술사'라는 단어조차 떠오르지 않았다.

강사 노숙인은 상대적으로 안전이 예상되는 사람이라면, 길거리 노숙인은 안전을 담보할 수 없는 사람이다.

14일이 지난 1월 26일 새벽 지금, 지난 일기를 정리하면서야 그 생각이 떠올랐다.

.

.

.

맞은편에서 나를 향해 교복 차림의 여고생 둘이 걸어오고 있었다. 여학생들과 내가 남자 앞에서 교차하기 2초 전쯤, 그러니까 양편에 각각 1.5미터 정도를 두었을 때, 남자가 책을 뒤적이다 말고 고개를 들었다. 움직임을 느끼고 신경을 남자 쪽으로 모으며, 걸음과 눈길은 그대로 고수했다. 내 쪽 돌발은 저쪽의 더 큰 돌발을 유발할 수 있다.

"이 영어 좀 가르쳐주세요. 이게 ○○인가요?"

．

．

소리를 듣는 중이었고, 내용도 파악하는 중이었다. 둘 사이의 거리가 80센터미터까지 줄었다. 코는 '노숙인 냄새'를 맡아냈다. 술 냄새는 없었다. 귀와 뇌와 코의 바지런함 속에서도, 다리는 제 할 일을 정확히 했다. 그의 왼편으로 거리를 약간만 넓히며 그를 지나쳤다. 많이 넓혔다가는 들킬 수 있다, 내 두려움과 혐오를.

십대 초반 이후 내겐 액취증이 있다. 양 겨드랑이에서 나는 냄새는 '노숙인 냄새'와 비슷하다.

이는 내 성장기에 무저갱 같은 상처였다. 사회적 소수자들을 향한 시선의 시작은 내 몸에서 나는 냄새였다. 많이 줄었지만 냄새는 평생 내 근처에 떠돌고 있다. 여름은 물론이고 겨울에도 남에게 냄새를 온전히 감추는 것은 불가능하다. 노숙인 냄새에, 나는 절대로 인상을 쓰지 않는다. 그럼에도 그 냄새의 곁을 길게 견디는 데는 거의 항상 실패한다.

.

.

남자는 처음엔 나를 향했다가, 내가 자신의 왼편을 지나 등 뒤쪽으로 빠지는 동안, 앞쪽을 지나가는 여학생들을 향했다.

다행이라는 생각을 했다, 분명히.

마음을 들키지 않았고, 관심도 피해서, 다행이었다.

관심이 여학생들에게로 가서, 다행이었다.

.

.

.

뒤 문장은 정확히 듣지 못했다. 문장이 아니라 영어 단어 하나를 정확히 듣지 못했다. 두 음절의 짧은 단어였고, 'ㅋ' 발음이 들린 걸로 보아 C 아니면 K로 시작하는 단어였을 것이다. 그의 발음에 관한 기억을 되돌리며 단어를 알아내보려고, 생각을 잠깐 하기는 했다. 'care'나 'cure' 정도이겠다 싶었다. 그런데 사실은 질문의 내용보다 남자의 음색이 의외라는 생각을 더 많이 했다. 음색 때문에, 게다가 영어라는 것 때문에 그를 돌아볼 뻔했는데, 이번에도 몸은 앞을 보고 걸었다.

.

．

생각은 음색과 영어 단어 사이를 오락가락하다가 이내 내 속으로 향했다. 그러니 속이 시끄러워지기 시작한 것은 정확히 그때부터다.

．

．

．

'노숙인답지 않은' 음색이었다. 맑았고, 차림에서 느껴지는 나이보다 젊었다. 낡고 칙칙하고 냄새 나는 국방색 상하의와 모자가 전부였으니, '차림에서 느껴지는 나이'라는 말은 논리적으로 맞지 않는다. 뒤늦게 생각을 정리하자면 '내가 떠올리는 노숙인의 평균 나이대보다 젊은 목소리'라는 것이 정확한 표현이다.

목소리가 젊다는 생각에 이어 떠오른 것은 게으름이었다. 저 목소리의 젊음이라면 어디 가서 뭘 해도 저 지경은 벗어날 수 있을 거라는 생각을 했다.

자본가의 축적을 가능케 하는 임금노동을 거부하고, 돈으로 하는 소비를 최대한 줄이는 삶이, 가장 적극적으로 자본주의를 거부하는 행동이라는 게 평소 내 지론이다.

．

．

아무것도 소유하지 않고 무엇에도 매이지 않는 삶. 이 자유와 짝을 이루는 두려움. 이 충돌은 나'들', 자본주의 사회의 시민, 노동자이자 소비자의 딜레마다.

나는 자발적으로 가난한가? 자발과 불가피의 경계는 '마음 뒤집기'만이 아니라 일상의 삶이다. 이제 내게 가난은 오히려 불가피다.

한편 내가 사람을 가늠하는 주요한 근거는 성실성과 자립이다. 그러고 보니 이 또한 안정을 좇는 대인 행위다. 불안정한 사람이 나는 불편하다. 한편 '무엇이 저 사람을 불안정하게 했을까?'와 '내 불편함의 정체는 무엇인가?'에 대한 궁금증 혹은 호기심이 이어지다보면 결국 나는 그에게 구술사를 제안한다.

.

.

.

거슬러 순서를 따지자면 의외라고 느꼈던 것은 음색이나 영어나 질문의 내용보다 책이 먼저였다. 7, 8미터 앞에서 그를 발견한 순간부터 '저런' 차림의 남자가 책을 읽고 있는 것은 의외라는 생각을 했던 거다.

길에 서서 책을 읽으며 서 있는 낡고 더러운 차림의 남자를 발견한 순간,

노숙인인지 긴가민가하기 시작했고,

영어 단어를 물으며 말까지 걸어오자 의외는 의왼데,

일단 티내지 않고 몸부터 피했으며,

몸을 피하고 나서야 여러 핵심어가 머릿속을 떠돌면서 속이 시끄러워지기 시작했고,

이후 내내 속 시끄러움이 떨쳐지지 않았다.

이것이 일련의 과정에 관한 좀더 정확한 나열이다.

나혜석(1896~1948)은 어느 겨울날 행려병자로 거리에서 사망했을 것으로 추정된다. 그녀는 우리나라 여성으로서는 근대적 여권론을 펼친 최초의 운동가이자 화가이며 작가다. 시대가 요구하는 여성성을 거부하는 삶을 살았던 나혜석은, 자식과 가족과 친지들로부터 외면당하고, 사회로부터 비난과 조소를 받으면서, 경제적 어려움과 심신의 고통에 시달리는 삶을 살았다. 가난한 페미니스트들에게 나혜석은 저항하는 여성의 모델이자 자기 미래에 관한 불안한 암시다.

'내 방식대로 남은 삶을 살겠다'던 '맥도널드 할머니' 권하자는 암이 복막까지 퍼져 행려병자들을 위한 병원에서 73세의 나이로 2013년 죽어 화장되었다.

'정처 없는 삶'에 대한 로망은 독한 삶과 독한 죽음에 대한 불안

한 환대다. 정처 없는 삶을 살고 싶었다. 아마 정처와 떠돌이의 경계에서 살아왔지 싶다.

．

．

．

여학생들은 남자의 차림을 봤을까? 자기네끼리 한 친구의 손에 들린 무언가를 들여다보고 이야기를 나누며 나를 향해 오고 있는 것이, 내가 본 학생들의 모습 전부다. 남자의 목소리가 그녀들의 고개를 돌리게 하지는 않은 듯했다. 소리를 지르거나 도망치거나 질문에 응하는 어떤 기색도 느끼지 못했다. 여학생들의 기색에 순간 신경을 썼지만, 고개는 돌리지 않은 채 남자의 등 뒤를 지나, 나는 내 갈 길을 갔다.

．

．

그러고 보니 남자가 영어 단어를 묻는다는 것을 알자, 질문은 내 몫이 아닌 '학생'들의 몫이라는 생각까지 떠올랐다. 남자가 나를 영어 같은 건 모르는 '아줌마'나 '할머니'쯤으로 여기기를, 그의 왼편을 지나치며 분명히 바랐다. 다행히 예순이나 돼서, 배웠던 영어를 까먹었다 해도 그럼직한 나이다. 게다가 남자보다는 좀 나아도 나 역시 '영어를 잘 알 만한' 차림은 아니어서 또 다행이었다.

.

.

.

　사실은 그를 지나쳐 6미터쯤 멀어졌을 때, 그러니까 속이 시끄러워지고 나서 바로, 되돌아가서 영어 단어를 보자고 할까 생각했다. 그러고 나면 속이 좀 덜 시끄러울 것 같았다. 하지만 속 시끄러움과 위험 가능성 사이에서 나는 속 시끄러움을 택했다. 속 시끄러움은 안전이 보장된 나와의 문제고, 위험 가능성은 내가 통제하기 어려운 외부로부터의 문제다. 피한다고 피해도 부딪혀오는 거야 별수 없다 하겠지만, 일부러 다가갈 것까지야, 더구나 되돌아갈 것까지는 없는 거다.

.

.

　게다가 재빨리 또 다른 생각 하나가 떠올랐다. 되돌아갔다가는 '독거노인 다섯 명'과의 3시 약속에 늦을 수도 있다는 생각이었다. '독거노인 다섯'과 '노숙인 하나'가 저울 양편에 올려지자, 되돌아가지 않을 이유가 충분히 정리됐다.

.

.

　그러면서 그렇게 떠올라온 생각들이 모두 핑계라는 생각도 떠올랐다.

·

·

·

그사이 거리는 15미터쯤 벌어졌을 것이다. 이젠 고개를 돌려도 마음을 들켜도 위험하지 않은데, 고개가 돌려지지 않았다. 이거야 말로 좀 예의 차원이긴 하다. 양심 차원이기도 하려나? 아니 내 내면의 꼬라지가 바닥까지 치는 걸 피하려는 면피다.

·

·

웃음이 삐져나온 건 그때다. 그러니 웃음은 안전거리가 확보되고 나서 나온 것이다. 그렇다고 뭐, 비웃음만은 아니다. 허탈한 수긍이다. 창전로 중 25미터 정도를 2분간 걸으며, 평소 직시하지 않던 나와 마주친 거다. 한편 내가 나에게 속고 있지는 않으니 그나마 다행이라는 위안이기도 하다.

·

·

그렇더라도 되돌아가 그의 영어 단어를 보고 그와 눈을 마주치며 짧게라도 말을 나누었다면 한 걸음은 더 뗀 건데, 결국 그걸 안하고 내 갈 길을 갔던 거다.

다음에 같은 경우를 만나면 내가 달라질지에 대한 확신은 없다. 그 변화를 위해서는 노숙인을 직접 만나거나, 혹은 나 자신이 노숙인이 되어야 한다.

.

.

.

노인의 집에 도착하니 오후 2시 52분이었다.

열흘 후인 2016년 1월 24일 새벽 6시.

남자의 등 뒤로 빠지면서부터 시작된 내 시끄러운 속을 정리해 본다.

나는, 사회적 의제로서의 '노숙인'과 실제 만나는 노숙인을 철저하게 별개로 대한다.

나는, 낡고 칙칙한 옷을 입은 남자를 일단 노숙인이라 여기고 본다.

나는, 낡고 칙칙한 것을 더럽다고 여긴다.

나는, 노숙인과 책은 어울리지 않는다고 여긴다.

나는, 노숙인의 음색이 맑지 않을 거라고 여긴다.

나는, 노숙인과 술기운을 연관지어 생각한다.

나는, 노숙인과 영어는 어울리지 않는다고 여긴다.

나는, 노숙인을 두려워한다.

나는, 노숙인을 혐오한다.

나는, 글에서 만나는 노숙인은 심지어 편까지 드는데, 길에서 만나는 노숙인은 피하고 본다.

나는, 두려움과 혐오를 티 내지 않고 감춰서, 문제에 휘말리지 않는다.

나는, 나 대신 남에게 위험 가능성이 옮겨지는 것에 대해 다행이라고 느낀다. 예순의 페미니스트 여성이 십대 중반의 여성에게 위험을 밀어낸다.

나는, 내 안녕이 확보되는 사람만 만나고자 한다.

나는, 멀었다.

빈곤을 견디는 힘

 서울 대흥동에서 혼자 사는 여든다섯 살 된 황문자(가명) 할머
니의 이야기다. 친정엄마까지 일곱 식구가 창신동 하꼬방, 한강 모
래사장 천막촌, 한강초등학교 수재민수용소, 경기도 광주대단지
집단이주 등을 거쳐 봉천동 달동네로 들어가 살 때다.

 "연탄 열 장을 다라이에 이고 산비탈을 찔룩찔룩허며 오르다 찌
이익 미끄러지면, 진흙탕에서 난리가 날 거잖아. 연탄은 쏟아져 깨
지고 떼굴떼굴 굴러가고, 사람은 나자빠져서 허리 다치고 무릎 깨
지고. 나 넘어지는 걸 아줌니 하나가 잡아주다가 둘 다 다라이째
나동구라지구서는, 서로 쳐다보구 깔깔대구 웃었다. 야. 겨울 되기
전에 연탄가게에서 아랫동네에다 천 장씩 이천 장씩 부려놓거든.
그럼 여자들 몇이서 산동네 배달을 맡는 거야. (⋯) 장마철에 비탈
길을 올라가다 찌익 미끄러지면, 쌀 봉투고 보리 봉투고 툭 터져
가지고는, 진흙 바닥에 다 쏟아지는 거야. 그때 비닐봉지가 어딨

어? 물 젖으면 녹아서 금세 찢어져버리는 누런 종이, 그걸루다 봉투를 했거든. 그건 손 잡을 데가 없잖아. 그걸 하나두 아니고 여러 개를 웅쿠려 껴안구는, 새끼줄에 낀 연탄 두 장을 들구 올라가는 거야. 그러다가 자빠져봐. 연탄 깨지고 쌀봉지 터져 쏟아지고. 어구야 젠장, 그 지랄을 하구 살아낸 거야 내가, 하하하. (…) 아닌 말루 나보다 나을 것두 없는 사람들이야. 그 한 푼을 벌겠다고 나랑 같이 제일 꼭대기 동네까지 다라이루 연탄 배달 벽돌 배달을 한 여편네들이야. 그런 돈을 남한테 빌려줬는데, 도저히 다 못 갚는다고 나자빠진 건데, 그 여자들이 '야반도주 안 해서 고맙다구, 어디 가서든 잘 살라'며 보내주더라구. 그렇게 재개발 딱지 팔아 영감 장례 해주구 빚잔치하구, 상계동으루 간 거야."

신바람을 내다가 어느새 울먹인다. 고생을 견디느라 차라리 웃었고, 살아내느라 힘이 세졌다. 고난을 견디며 만들어진 힘은, 강하고 유연하며 전략적이다. 시혜로 다가가면 치하로 받아 챙기고, 권리로 다가가면 눈을 마주치면서 당당해지고, 존중으로 다가가면 천천히 마음을 준다. 빈곤은 물질 너머의 의제다. 빈곤에 대한 동정은 혐오이자 자기 불안이며, 기껏해야 물질주의자의 자기 안위다. 모멸감은 남들의 시선 때문이고, 자기 비하는 세상의 비교와 취급 때문이다. 빈곤과 무엇이든 할 거면, 그들 안에 이미 있는 힘을 볼 수 있으면 된다. 빈곤을 벗어나는 힘은 모르겠고, 빈곤을 견디는 힘은 내공이어서 가장 단단하다.

고난과 고통이 사회적 힘으로 모이는 경로는 내 구술생애사 작업에 눌어붙은 질문이자 미궁이다. 물론 딜레마는 오만가지다. '정상 가족'은 바람으로만 남아 있지 현실에서는 상당히 깨졌다. '글이나 쓸네' 하는 내가 단칸방에 혼자 사는 이혼녀라는 걸 알자, 작은딸이 아비 없이 만든 외손녀와, 카드 빚 지고 도망가 소식마저 끊긴 작은아들과, 이혼해서 일본 가 사는 큰딸 이야기가 이어졌다. "큰아들네만 아직 그러구 사는데 그 년놈들 안 온 지가 3년이 넘어. 눈에 보이면 심란하기밖에 더해? 다 나가 살고 혼자 사는 지금이 젤로 속 편해."

가장 큰 딜레마는 여전히 새끼들이다. 견디는 이유이자 보람이었고, 그래서 갈마드는 애와 증이 징그럽다. 손주 세대들은 노동자와 국민 낳기를 포기한다니, 혹 희망은 거기에서 올지 모른다. 견디는 이유와 힘이 가족과 새끼를 넘어서는 건, 사회를 뒤흔들 수 있다.

참, 뻔뻔함도 큰 힘이다. 작년 삼복더위에 후원품으로 나온 선풍기를 갖다드렸더니 하시는 말씀. "아유, 고마워. 평생 고생만 하고 살았으니, 이제 내 거 없으면 있는 놈 걸루 살아야지 뭐, 하하하."

퀴어 환갑쟁이의 미풍양속

환갑이 되니 우편으로 문자로 국가가 불러대서 지난주 국민연금공단을 방문했다. 내 나이로는 보통 60세까지 연금을 붓고, 62세부터는 연금을 타먹는다. 내 경우 최저 납부 기간 120개월 중 현재 44개월이 모자란다. 그러니 62세까지 연장해서 붓고 종료 시점에 모자란 납부액을 한꺼번에 내기로 정했다. 임금노동을 하지 않는 2017년 초부터 월 8만9100원을 내고 있고, 이후 받을 연금은 월 17만 원 정도다. 언제 죽을지야 모르지만 깨버리지 않는 게 이익이겠더라. 직원의 설명으로는 최저 납부금에 최저 수령액이란다. 최저는 이미 익숙하고, 평생 처음 부어본 곗돈인데 꽤 쏠쏠하다. 부은 것도 못 타먹고 죽으면 말고. 내 사회노동은 대부분 사회운동 단체의 무임노동이거나, 국민연금을 안 내는 노동(중고등 학생 수학 과외 3년여+글쓰기)이거나, 최저임금 임시직 노동이었다. 쉰 넘어 시작한 노인복지 현장 근무 덕에 그나마 76개월을 쌓았다.

반가운 건 1980년부터 2006년까지의 혼인관계로 월 30만 원의 '분할연금'이 별도로 나온다는 거고, 놀라운 건 분할연금액 확인을 위해 전남편의 주민등록번호가 필요했는데 단번에 줄줄 외워지더라는 거다. 내 기억의 얍삽함이라니. 30만 원에 대해 그날은 좋아했는데, 한숨 자고 일어나니 상대편 느낌이 염려되더라. 뭣도 없으면서 자신을 기득 쪽에 놓는 경계성 혼동 증상이다. 어쨌든 법이 보장하는 권리이자 필요다. 이혼을 거부했던 전남편이 혼인 기간을 늘려주어 금액이 좀 늘었을 거다.

이혼의 사유는 여러 가지였지만, 결정적 계기는 내 바람이었다. 간통죄가 살아 있던 당시에도 동성과의 바람은 무죄였다. 국민의 아랫도리를 국가가 왈가왈부한 간통죄도 웃겼지만, "간통죄의 발동 시점은 '남녀'의 생식기가 결합한 때"라는 은혜로운 조항 덕에, 내 바람은 간통죄를 초월했다. 자타의 상처가 많았지만, 그 바람은 근본적으로 내게는 미풍美風이다. 난데없이 '미풍'을 끄집어오는 이유가 있다. 최근 서울 동대문구 시설관리공단이 장소 사용을 허가했던 '퀴어여성네트워크'의 생활체육대회가 막판에 불허 통보를 받는 등, 동성애자와 성전환자 관련해서 갖은 악다구니들의 핵심이 결국은 '미풍양속'이어서다. '창조질서' 어쩌고도 교회 밖 말로 하면 미풍양속이다. 너네는 그 미풍에서 살아라. 우리는 다른 미풍을 만든다. 나는 자기 성기에 평생 하나의 성기만을 결합하는 그 '성실'이 희한하고, 그 게으름이 지루하며, 그 포기가 안쓰럽다. 없다면 모를까, 기왕 욕망이라는 게 있다면 어찌 다른 것이 궁금하지 않을 수 있으며, 심지어 다른 존재를 대놓고 반대까지 할 수 있을까. 문재인 대통령부터 말이다. 성소수자에 대한 문재인 정부의 입장은 '나중에'다. 개인과 세상의 많은 문제는 폐쇄와 집착에서 온다. 이성애든 동성애든 평생 일대일은 이기적인 짝짓기다. 욕망 이전에 금기에 관한 태도 이야기이고, 한 우물만 파는 게 어떻다는 게 아니라 우물 밖에 대해 공부도 하고 상상도 해서 이해는 좀 해보라는 거다. 그게 사람 노릇이다.

아무튼 그래서, 내가 노년에 타먹을 연금은 17+30+30(예상 기초노령연금) 해서 합이 77만 원이다. 혹 운동(sports 겸 movement)과 글 현장과 돈을 위해 노인 공공근로를 한다면 30만 원 추가. 기초수급 대상자도 해보고 싶었는데, 아쉽지만 그 덕은 못 볼 것 같다. 살아온 거나 돈이나 이만하면 미풍양속이지 싶다. 사회적인 건 차후고, 개인적으론 이 정도 수입이라면 그럭저럭 살아지려니 싶다. 물론 이건 내가 가진 다른 자원들과 적절한 시기의 자유죽음 의지 덕에 누리는, 배부르고 단호한 여유다.

도벽의 퇴로

"미안해요." 눈이 마주친 순간 아이는 그 한마디를 웅얼거리고는 출구 쪽으로 비집고 빠져나갔다. 퇴근 시간이라 붐볐고, 지하철은 승강장으로 들어서고 있었다. 열두 살쯤 되어 보이는 남자아이였다. 아이의 손이 내 지갑을 꺼내는 것을 본 순간, 표정을 꾸미며 아이의 눈을 향했다. 놀라지 않았음, 떠들 생각 없음, 이야기하고 싶음 등을 뒤섞어 옅은 미소까지 피웠지만, 일그러졌을 거다. 아이를 놓치고 전철에서 내내, 나는 내 표정과 '미안해요'를 복기했다. 표정 실패는 시리고 예리한 가슴 통증 탓이었다.

그날 밤, 엄마 돈을 훔치는 꿈을 꿨다. 전전긍긍하는 엄마를 보다 못해 훔친 돈을 내놓았고, 엄마는 돈 찾은 것만 좋아했다. 40~50년은 뒷걸음질한 어린 나는, 왜 돈이 필요했는지는 결국 묻지 않는 엄마를 속으로만 원망하다 꿈에서 깼다. 안도는 잠깐이었고, 지난 저녁의 가슴 통증이 다시 찾아들었다. 자괴는 공소시효도 없이 무의식의 바닥에 달라붙어 있다가, 일상을 꼬투리 삼아 느닷없이 머리끄덩이를 틀어쥐고 돌려세워, 내 면상에다 수치스러운 나를 들이미는구나. 잠이 달아난 김에, 아이 이야기에 이어 꿈의 내용과 느낌과 생각들을 주절주절 스마트폰에 녹음했다. 말로 풀다보니 내면의 계단을 타고 올라와 내게 묵은 흉터를 보여준 꿈이 고마웠다. 그런데, 그래서 어쩌라고?

여덟 살 때부터 엄마의 돈 심부름에서 삥땅을 하며 시작된 내 도둑질은, 도벽으로 굳어졌다. 들킬 때마다 야단을 치면서도 엄마는 돈 심부름을 계속 시켰고, 정작 필요한 돈에는 야박했다. 학용품 살 돈을 타기 위해 부엌과 안방을 왔다 갔다 했고, 이것은 부부싸움으로 이어졌다. 싸움의 원인이 나라고 생각했고, 도둑질이 시작됐다. 도벽은 자괴의 무저갱이었다. 고등학생이 돼서야 엄마의 잘못을 볼 눈이 생겼지만, 그때는 엄마의 사정들도 보였다. '스스로 스톱'은 불가능하다며 발각을 고대하면서, 위험과 쾌감을 탐닉하고 괴로워했다. 아버지의 것인 세상 질서는 거부했지만 내 것은 없는, 단절과 허기의 시절이었다.

아버지와의 싸움에서 자유를 맛들였다면, 나와의 싸움인 도벽에는 늘 패배였고 자괴와 수치는 깊어갔다. 통곡과 다짐을 반복했다. 과 대표였던 대학 3학년 때 같은 과 학생의 돈을 훔치다 마침내 발각됐다. 발각 직후의 기억 한 덩어리는 아직 못 찾았다. 죽어지지는 않더라. 집과 학교에서 도망갔다 두어 달 만에 돌아왔고, 모두들 없던 일로 하며 덮어주었다. 그 덮어줌을 '무조건적인 용서'로 날름 해석해버렸다. 그래야 버틸 수 있었다. 철면피를 쓰고, 나와 사람들 속에서 힘겹게 회복했다. 도벽중독을 통과하며 만들어진 원칙은, 돈에 관해 어떤 골칫거리도 만들지 않겠다는 거다. 돈을 향한 욕망을 거세하고 가난을 수긍하기. 자유고 지랄이고 전에, 일단 내 속은 편하고 보자는 관리이자 타협이다.

그래서 회피다. 도둑질을 둘러싼 자괴와 낙인은 물론 미안과 양심조차도 노예제를 위한 낱말들이다. 불공정과 불평등을 덮어 기득한 자들의 질서와 안녕을 고수하고 대물림하기 위해 없는 자들을 옭아매는 덫의 학습이다. 게다가 교양과 친절과 고상과 사회공헌까지 다 그들이 차지한 세상에서 이제 내가 궁금한 건, 없이 사느라 거칠고 쌍스러워진 사람들의 처지와, 버텨가는 사연과, 그들을 옭아매는 낙인이다. 거기서 길 하나가 시작되더라.

두 아이 다 깊게 안아주라는 꿈이구나. 아이야, 세상과 너의 어떠함에도 불구하고 너를 믿고, 너를 위해 울며, 네 길을 만들어라. 너무 힘들지 않게, 좋은 친구 하나는 늦지 않게 만들기를.

금연 13일차

이번 칼럼은 왠지 불길했다. 일요일 오전 마감이니 금요일 오전이면 적어도 주제는 잡혔는데, 이번엔 아니었다. 금요일 밤 일단 빈 문서를 열자, 불길의 정체가 확연해졌다. 담배가 없다. 금연 13일차. 예상 못 한 복병이다. 천둥 번개 치는 토요일 내내 청소, 빨래, 민어매운탕 끓여 먹기, 신문 샅샅이 읽기, 맨손체조 등 혼자 별별 짓을 다 하고, 저녁 6시가 돼서야 빈 문서를 다시 열었다. 방법은 하나밖에 없다. 외길에서 달려드는 놈하고는 맞짱을 뜨는 수밖에. 그러고도 안 써져서 결국 일요일 오전에 마쳤다.

핑계를 대자면 또 아버지다. 큰딸을 양반집 규수에 현모양처로 키우겠다는 아버지와, 아버지를 미워한 힘으로 내 길을 만든 나. 첫 흡연은 대학 1학년인 1976년. 저항이자 숨구멍이었다. "아버지는 피워도 되는 담배를 왜 나는 끊어야 하는지 설득시키면 끊겠다"는 말대답을 하며 고수했다. 41년간의 오만가지 반대와 불편과 불이익에도 불구하고 담배로 인한 모든 폐해는 감수하며 살자는 게, 신조라면 신조였다. 국민 건강 운운하며 가난한 흡연자들의 주머니를 더 터는 국가도 알겠고, 자본주의에 대항하는 시작은 소비를 줄이는 거라는 것도 알겠고, 가난한 살림에 한 달 13만 원의 담뱃값은 미련한 소비라는 것도 알겠는데, 다 말뿐이고 욕懲이 최우선이었다.

욕懲은 허기에서 온다. 내게 흡연은 상처와 혼돈, 자괴와 수치감에서 시작된 일련의 중독 증상 가운데 가장 길게 남은 항목이다. 중독과 열정은 뿌리가 같다. 20대 초반에 도벽과 식이장애를 떠나, 아버지의 집을 출가한 결혼과 육아로 잠시 잠복기를 거치다가, 자녀에 대한 과한 욕망과 일과 사회운동과 글 등으로 중독 혹은 열정의 목록이 이어진다. 일련의 목록을 거치며 한편으론 아버지의 질서와 계급을 떠나 독립하는 동안, 담배는 중독에 망가지거나 열정에 타버리지 않게 나를 건져주었다. 한 바퀴 돌아 환갑이 되면서야 방황과 혼돈의 이유를 좀 알겠고, 자괴와 수치를 보듬어 쓸모를 발라내는 중이다. 하여 고통은 공공재라며 네 것 내 것 없이 모아 볕에 널고 있는 요즈음, 담배는 더 이상 핑계도 필요도 신조도 뭣도 아닌 단지 자해다. 목구멍이 아프고 머리가 흐려져도, 뇌와 손가락과 입술이 반복적으로 더듬어 찾는 습慣일 뿐이다.

작심의 동기는 한 달 전쯤 느낀 목구멍의 통증이었다. 타르인지 니코틴인지가 문자 그대로, 몸에 차고 넘쳐 목구멍까지 차올라온 느낌이었다. 뒤집자면 목구멍까지 올라오도록 평생 피울 담배를 다 피워, '이제 족하다' 싶은 느낌. 마침 두 사람을 만났다. 동네 보건소 젊은 의사는 석 달에 한 번 혈압 약 처방을 받으러 가는 내게 "그래도 제가 의사니까 선생님 볼 때마다 금연 얘기는 좀 할게요"라며 죄송하다는 표정으로 늘 담배 관련 의학적 설명을 반복했다. 그는 공공의료에 뜻을 둔 젊은 의사였다. 주민을 대하는 그의 겸허함이 고마워 다음 환자가 오기 전까지 그와 수다를 나누곤 했다. 과잉 의료, 방어 의료, 자유죽음 등등에 대해.

작심 직전에 만난 선배 여성 한의사는 늦게 시작한 글을 더 쓰고 죽어야 한다며, 무, 당근, 오이를 담배 개비 모양으로 잘라 수시로 씹어 먹으라는 처방과 함께, 귀침도 놔주고 부항도 떠줬다. 오빠는 상금까지 걸었다. 금연일기를 페이스북과 남매들 카톡 방에 수시로 올리는 등 수선을 떨며 만천하에 공지하는 것은, 내 약함을 익히 알기 때문이다. 허기는 여전히 내 걸림돌이자 디딤돌이다. 담배를 떠나 글로 가고 싶다. 혹 글이 다음번 중독 목록이라면 온전히 중독되기 위하여.

술은 유전적으로 못 하고 이제 담배까지 끊으니, 아버지가 지어준 이름 그대로 현숙賢淑(어질 현, 맑을 숙)한 여인이 되나 보자. 오늘 가족 모임에서 아버지에게 금연 소식이나 전해야겠다.

(신문 칼럼에 공개적으로 금연을 말했으니, 이번에도 내 책에 대고 공개적으로 말하는 게 낫겠다. 2018년 9월 현재 나는 흡연 중이다. 습관에 다시 붙들린 내 핑계는 '내가 술을 먹냐, 계집질을 하냐'다.)

장애 여성 구술생애사 작업에 들어가며

마음속으로부터 중증장애 여성들의 삶에 접근하기 어렵다고 느꼈던 까닭은 그녀들의 상처 때문이었다. 마음의 상처. 나로서는 상상하기도 예상하기도 힘든 장애·여성의 구체적인 내용과 그로 인한 삶의 내용보다, 그 장애·여성의 생애 경험으로 인한 내상內傷에 어떻게 접근해야 할지를 두려워하고 있었던 것이다. 더불어 그 접근 과정에서의 수많은 감정의 부대낌과 내가 소비해야 할 시간들에 대한 이기적 태도가 잠복해 있었다. 또 하나, 그녀들을 시혜와 동정의 대상으로 보지 말아야 한다는(보지 않겠다는) 인식과, 실제 만남의 자리마다에서 내가 베풀어야 하는(베풀게 되는) 서비스 사이에서 이는 몸과 마음의 혼돈 그리고 힘겨움도 포함되어 있었다. 나도 낡아가는 몸인 거다.

40대 후반(2005년 전후)에 시도했던 중증장애 여성들과의 만남의 자리(장애 여성들의 연극 집단 '춤추는 허리'에 배우로 2년간 함께 참

여한 경험)들은 나로서는 큰 용기가 필요한 일이었다. 전체 과정에서 나의 가장 큰 과제는 속도를 포기하는 일이었다. 아주 바쁘게만 돌아갔던 민주노동당 여성위원장 자리를 사임하고 잠시 쉰 후, 나는 내 삶과 시간의 일부를 그녀들 속에 '넣었다가 빼곤 했'다. 그녀들 속으로 '들어갔다'고 말할 수는 없다. 내 중심을 그녀들의 바깥, 내가 통제·관리할 수 있는 거리를 충분히 유지한 바깥에 두고, 내 시간의 일부만을 포기한 채 그녀들에게 갔다 나오곤 했다. 물론 시혜나 동정은 없었다. 부딪혀 배우고 느끼고 알고 관계 맺고 싶어서였다. 그리고 그것은 나를 흐트러뜨리지는 않은 채 내가 원하는 만큼, 혹은 '조금 더'라 하더라도 '내가 관리할 수 있는 만큼만'이라는 선線을 명확히 하고 있었다. 나는 그 선을 견지하는 데 성공했지만, 다른 한편 시작 단계에서 원했던 만큼 그녀들을 충분히 알고 만나지는 못했다. 거의 10년 만인 지금 장애 여성 구술생애사 집단 작업에 함께하면서도, 당시에 내가 그었던 선線의 밀고 당김이 가장 먼저 떠오른다. 여전히 나는 나에게서 출발하고 있는 것이다.

요즘 진행하는 장애여성구술생애사 집단 작업을 함께 하기로 결정하기 전에도, 나는 여전히 두려움을 가지고 있었다. 소위 '말리지 말아야 한다'는 이기적 태도였다. 그리고 '말리지 않는 선線'을 여전히 그어놓고 있다. 이 작업을 수락한 이유는, 작업 기획자들의 요청과는 별개로, 여전히 내 쪽에 있다. 그녀들을 알고 싶고, 10년 전보다 조금 더 만나고 싶다. 조금 더 만나고 싶다는 말은, 더 개입하고 더 논쟁하는 것도 포함한다. 개입과 논쟁 속에서 서로 변화하고 각자 스스로의 자아를 확장하는 것까지 나아가고 싶다.

필진 10명의 비장애, 장애 여성들 사이의 중요한 쟁점 중 하나는 '이번 구술생애사 작업의 목적이 무엇까지인가'이다. 크게 나누자면, 장애 여성의 생애 경험을 드러내는 것까지를 목적으로 할 것이냐, 아니면 생애 경험의 드러냄과 더불어 경험의 해석에 대해 화자와 청자(필자)가 함께 참여하여 비판적 분석·해석·재해석에 동참하며 다양한 타자 간의 논의와 차이들 속에서 각자의 인식과 정체성을 재구성·확장하면서, 이를 통해 독자들의 인식 확장을 넘어 정체성의 재구성까지 의도할 것이냐, 그 두 입장이라고 하겠다. 물론 나는 후자의 입장이었다.

그 과정에서 나는 개인적으로, 10년 전 장애 여성들과의 만남의 경험 및 현재 구술사 작업의 경험이 내게 어떻게 같고 다른가의 지점들을 추적하고 있다. 장애 여성들의 생애 경험과 해석에 대한 '개입과 논쟁'이 차이의 핵심이라는 것을, 녹취록이나 초벌 글들이 나오는 작업 중간 단계인 요즘에 와서 명확해지고 있다.

어쨌든 일방의 주장만을 할 일도 아니고, 내 생각의 위험성 역시 충분히 인정한다. 전체 필진 모임에서 진지한 논쟁이 이어지기를 바란다. 결국 합의되는 바대로 기록 작업의 기조를 잡겠지만, 이런 논의·논쟁이 이루어지는 것 자체가 의미 있다는 생각이다.

혹 이번 작업에서 내 입장이 통과되지 않더라도, 나는 다음 내 작업에서 내 방식을 최대한 추구해보리라. 나는 장애 여성들과 논쟁하고 싶다.

천주교회의 내일은 얼마나 걸려야 올까

1. 먼저 마음을 전하고 싶다. 이 글의 계기가 된 '2014년 세계주교대의원회의(주교시노드)'와 관련된 많은 사람의 노력과 고민을 존중한다. 더구나 의장인 79세의 프란치스코 노인은 "확실히 말하라. 아무도 '당신은 이것은 얘기하면 안 돼'라고 말하지 못하게 하라"고까지 했다니 모처럼 다행스럽기도 하다. 프란치스코 의장은 기각된 항목들도 문서에 포함해서 발표하도록 명령했단다. 그 '진전'을 기쁘게 받아들이는 분들과는 큰 차이가 있지만, 나 역시 그 진전이 긍정적이라 생각한다.

그럼에도 불구하고 나는 그 진전을 고무적이라거나 희망적으로 느끼지는 않는다. 그 회의에서 투표권을 가졌다는 190명의 독신 남성 노인의 '대지진'이니 '혼란'이니 '가장 획기적인 진전'이니 하는 그 왈가왈부에는 관심이 없다. 190명의 독신 남성 노인의 표결 결과가 어떠하든, 로마 가톨릭 따위가 성^뿔스러운 불변의 교리를 고수하든, 발전적으로 적응하든, 사목적으로 새롭게 접근하든, 나는 그들이 섹스의 목적이라고 주장하는 재생산의 의무도 염려도 없이 그들의 문젯거리인 내 성性, sex을 즐긴다. 그러면서 기회가 닿으면 '떡 본 김에 제사나 지내는' 마음으로 미사에 참례하고 영성체를 한다. 시노드 관련 언론의 기사 몇 개를 스치듯 본 이유는 구경거리여서다. 문자 그대로 꼴값(외양/형식을 위한 값)들을 하고 앉았다. 옛날 옛날 한 옛날을 아직도 살고 있는 190명의 독신 남성 노인들이 자신들의 옛날이야기를 어떻게 재구성하고 재해석하는지에 대해, 구경거리 이상의 관심을 가질 이유는 없다.

그럼에도 아직 가톨릭교회에 마음을 두고 있는 '다른 육우당들'을 위해 그 독신 남성 노인 집단의 혼란에 진전이 있기를 바란다. 육우당 안토니오는 2003년 4월 동성애자인권연대 사무실에서 19세의 나이에 스스로 목을 맸다. 천주교 신자인 교사 집안에서 태어나 독실하고 활발한 신앙생활을 하며 성장. 문학과 연극과 성악과 봉사활동. 묵주를 가장 좋아했고 신부 수녀들을 많이 좋아했다. 중학교 3학년 이후 교리와 성 정체성에 대한 번민으로 그가 찾아간 고백소. 예수를 대신한다고 하는 신부 나부랭이들의 단죄와 낙인으로 겪었을 절망과 모멸. 동성애자 인권운동과 커밍아웃. 신앙 포기와 회심. '난 가톨릭을 벗어나서는 살 수가 없다'며 동성애자인권연대 사무실에 십자가와 성모상을 두고 늘 기도. '장례를 천주교식으로 해달라, 천주교를 사랑한다'는 유언. 인천 부평 모 성당의 모 신부가 장례 미사를 집전했으니, 그를 위해서 다행이었다. 주여, 저들은 저들이 하는 일을 모르나이다.

2-1. 원고 청탁을 수락하면서부터 이후 내내 '동성애에 대해 천주교와 무슨 이야기를 나눌 수 있는가?'라는 생각이 떠나지를 않는다. 나는 1984년에 서울 변두리의 한 성당에서 영세를 받았고, 1987년부터 2000년까지 천주교 사회운동을 나의 주요 활동으로 삼아왔으며, 2000년 이후 진보 정치운동으로 활동의 중심을 옮겼고, 2005년 여성과의 사랑을 계기로 25년간의 결혼생활을 끝내고 동성애자임을 커밍아웃했다. 이후 한동안 내 활동의 상당 부분은 성소수자 인권운동에 집중되었다. 커밍아웃 이후 수많은 자리와 현장에서 이전에 알고 지내던 천주교 신자와 수도자와 신부들과 마주쳐왔다. 구태여 표현하자면 보수와 진보를 망라해서 모두 (나의) 동성애에 대해 침묵으로 일관했다, 천주교 사회운동의 극히 일부가 제공한 몇 차례의 발언 기회와 글을 제외하고는.

이런 경우 나는 침묵 너머의 불편함을 이해해버리는 편이다. 상대를 규정하기 싫어서다. 게다가 그들이 시비를 걸어온 것도 아니다. 아마 난감했을 것이다. 'X' 말고는 언어가 없으니 질문의 실마리를 잡기도 어려울 것이다. 혹 배려하려는 것일 수도 있겠다. 눈을 마주치는 것조차 피한 사람들 역시 이해해버린다. '더 불편한가 보구나…….' 옅은 불쾌감을 느끼지만 그보다는 '좀 웃기다'는 느낌이 더 크다. 그럼에도 '아쉽다' 정도로 내 마음을 정리한다. 다른 기회의 다른 관계를 위해 마음을 닫지 않는다.

2-2. 낯선 것에 대한 두려움과 혐오의 원인을 나는, 모든 생명체가 가질 수밖에 없는 '자기 존재의 불안'이라 생각한다. 따라서 동성애 의제에 관한 많은 사람의 혐오증을 심리적 측면에서는 이해해보려고 한다. 하여 동성애 관련 모든 현장에서 점점 가열되고 있는 개신교 우파의 끔찍한 동성애 혐오와 악다구니는 기가 차도록 천박하지만, 그들 속의 불안을 보는 듯하여 한편으로는 연민의 마음도 든다.

반면 교황청 신앙교리에서 "동성애는 본질적으로 윤리적인 악"으로 규정하고 있는 천주교가 동성애에 대해 침묵하는 것은 비열하다. 일부 개신교도들의 천박한 악다구니 뒤에 숨어 고상한 척 점잖을 떨며 팔짱을 끼고 물러나 앉아 있는 꼬라지가, 봉건 시대 위선적 양반 나부랭이들의 꼬락서니랑 같아 보여서다.

3. 가톨릭교회 교리서는 동성애를 '객관적으로 무질서'한 성향으로 간주한다. 교황청 신앙교리성은 1986년에는 '본질적으로 윤

리적 악', 2003년에는 동성애 커플 입양 허용에 대해 '심각하게 비도덕적'이며, '아이들에게 폭력을 행사하는 것'과 마찬가지라고 말해왔다.

이와 달리 결국 기각되고 만 2014년 세계주교대의원회의 토론 보고서에는 동성애자들 역시 "교회 공동체에 기여할 수 있는 은총과 자질을 지니고 있"으며 "그들은 종종 자신들을 따뜻하게 환대하는 집과 같은 교회를 만날 수 있기를 고대한다"는 일부 의견이 담겨 있다. 또한 동성애 결합이 '윤리적 문제'로서 전통적 혼인과 동등한 입장으로 간주될 수는 없지만, 동성애자들 역시 자기 '희생'의 수준까지 이를 수 있는, 서로에 대한 지지를 모범적으로 선사할 수 있다는 문구도 들어 있단다. 그러면서도 "우리 교회 공동체들이 가정과 혼인에 대한 교리를 타협하지 않고 지키면서 동성애자들의 성적 지향을 수용할 수 있을까?"라는 질문도 담겨 있다.

노인들이 참 괜한 고생을 하고 있구나 싶다. 타협하지 않고 지키면서 대체 무엇을 수용하겠다는 것인가. 자신을 버려야 한다. 터전을 불사르고 광야로 나가야 한다.

4. 이혼 후 재혼한 신자, 동거 커플, 혼배성사 없는 결혼, 동성애 등이 이번 시노드의 주요 의제였다고 한다. 서로 간에 합의하고 타인들이나 사회에 합리적인, 해가 되지 않는 사람들 간의 관계에

대해 단죄하고 낙인하면서 그 남성 노인들의 교회가 지키고자 하는 것은 대체 무엇일까? 천주교의 내일은 얼마나 오래 걸려야 올까?

외람되지만 나는, 저 노인들의 교회에서 내일을 기대하지 않는다. 혹 내일을 도모하자면, 평신도들 안에서 함께 도모하기를 기대한다. 이미 어떤 평신도들은 동성애자, 양성애자, 성전환자들이다. 이혼 후 재혼한 신자, 동거 커플, 혼배성사 없는 결혼을 한 사람들 역시 평신도들 안에 이미 얼마든지 많다. 그들은 독신 남성 노인 집단의 투표 결과와 상관없이, 매일 그리스도의 식탁에 초대되고 그리스도와 함께 앉아 먹고 마신다. 혼돈 속으로 자신을 던져야 내일로 나아갈 수 있다.

덜 불행한 삶을 위한 불가피한 선택
– 아이를 낳지 않는다는 것

2017년 12월 대통령 직속 '저출산고령사회위원회'가 새롭게 구성되면서, 6기 위원회가 출범했다. 이전까지는 보건복지부가 주관 부서였다면, 7개 부처 장관급 인사들이 참여하는 범정부기구로 만들었다는 점에서 새롭다. 민간위원 17명도 구성되어 1월 24일 전체 민간위원 첫 워크숍도 개최했다. 지난 10년간 위원회는 무려 127조 원의 예산을 쏟아부었지만 상황은 점점 악화되어, 출산율 면에서 현재 1.21로 오히려 떨어졌다. (2018년 2기 합계 출산율은 0.97로 역대 최저치를 갱신했다.) 우리 사회 최대 현안에 대해 이전 정권의 낭비와 실패가 반복되지 않기를 바라며, 출발 단계에서 이미 어긋나버린 핵심 두 가지를 지적한다.

첫째, 관점의 오류다. 관점이 잘못되면 기구와 예산과 인력이 확대될수록 문제는 더 심각해진다. 차라리 확대를 하지 않는 게 낫다. 위원회 명칭에서 드러나듯 이전 정권과 똑같이 저출산과 고령화를 한데 묶은 것은, 사안을 여전히 인구 비율의 문제로 보는 것이다. '인구 과잉' 문제는 일단 덮어둔 채, '인구 비율 조절'을 위해 젊은 인구수를 늘려보겠다는 근시안적이고 위험한 발상이며, 원인을 세대 간 문제로 보고 해결 역시 '비용을 누가 내느냐'는 세대 갈등론 관점으로 풀겠다는 것이다. 이는 시민을 납세자와 '근로자'와 소비자로만 보는 관점이며, '자발적 희생 공동체'인 가족의 부담으로 생산성 있는 노동력을 '배양'해서 생산성 없는 인구로부터 발생하는 문제를 떠넘기겠다는 것이다. 자본은 이윤만을 추구하고 국가는 소위 '국가 경쟁력'이라는 구호와 체제와 제도로 자본을 뒷받침하다 만들어진 문제를, 국민의 문제와 국민 간의 문제로 떠넘기는 것이다.

시민의 관점에서, 특히 가난한 계층과 여성 입장에서, 저출산은 문제가 아니라 오히려 생존 전략이다. 그동안 국가가 뭐라고 떠들든 이런 사회, 이런 형편으로는 아이를 낳지 않겠다는(못하겠다는) '출산파업' 현상은, 오히려 덜 불행한 삶을 위한 개인의 불가피한 선택들의 총합이다. 더구나 시민 입장에서 출산율 감소는 노동력이 귀해진다는 것이고, 따라서 임금이나 인권 등 사람 값이 올라갈 가능성이 있다는 이야기다.

둘째, 우선순위의 문제다. 지금까지 위원회의 활동 내용을 보면 고령화 의제는 거의 안 보이고 저출산에 매진하는 모습이다. 하지만 없이 사는 시민에게는 고령화가 더 문제다. 8090세대에게 고령화는 당장의 자기 문제여서 더 말할 것도 없다. 자식인 베이비부머 5060세대는 부모들의 현재를 봐도, 자식들이 사는 형편을 봐도 자기 노후는 스스로 준비하는 것이 답이라는 결론에 이른다. 더구나 자신들이 고령이 되는 시대는 고령 인구수가 최고조에 달하는 때라니, 산업사회 및 신자유주의로 몸에 밴 근면과 절약을 바탕 삼아 마지막까지 매진해볼 따름이다. 소위 '출산 가능 인구'인 2030세대는 위 세대들의 현재를 볼 때 늙어서 돈 없는 게 제일 큰 문제다. 게다가 자기네 노후에는 기대수명이 100세도 훨씬 넘는단다. 뭐 그건 나중 일이라 치더라도 당장 하루하루가 각자도생인데, 국가는 지금 노인들의 문제를 그들과 태어나지도 않은 그들 자녀에게 떠넘기려고만 한다.

이왕 태어나 살아가는 사람들에게 늙어 죽기까지 살림살이가 살 만해야, 그 세상에 사람을 낳을 일이다. 대책 없는 출산은 무책임이자 방기다. 고령화와 저출산이 정말 문제라면, 누구에게 문제이고 누가 어떻게 책임져야 하는지 다시 질문해야 한다. 위원회가 '또' 내놓기 시작한 적당한 복지나 노동 조건의 개선은 답이 아니다. 분배 패러다임의 획기적 전환만이 유일한 길이다.

사회의 기본 단위는 가족이 아닌 시민

비단 그만의 생각은 아닐 것이다. 2018년 5월 8일자 『한겨레』에 실린 정현백 여성가족부 장관의 칼럼은 "가족은 한 사회를 유지하는 기본 단위"라는 문구로 시작된다. 그런데 그런가? 아직도 그런가? 가족이 개인들에게 정서적 바탕이거나, 가정 경제 측면에서나, 생애와 죽음 이후까지 공동체 관계일 수는 있다. 하지만 신자유주의로 인한 양극화와 개별화, 특히 가족 관련 현상과 가치관이 급변한 21세기에도 국가가 시민을 접하는 기본 단위를 여전히 가족으로 두는 것은 시대착오적이다.

'여성'을 '가족'에 붙인 '여성가족부'라는 부처명의 퇴행 등 가족 정책과 관련한 시민과 국가의 어긋남은 이런 관점에서 비롯된다. 이는 아직도 혈연과 가족 이데올로기에 더 매달려보겠다는 퇴행이며, 시민의 출생부터 죽음 이후까지 발생하는 비용과 부담을 여전히 가족에게 일단 넘기겠다는 책임 회피다.

가족을 인류 발생부터 시작되고 영원히 지속될 만고불변의 진리처럼 여기지만, 사실 지금과 같은 형태의 가족은 그 역사가 길지 않을뿐더러 이미 막바지다. 산업사회로 들어오면서 집에서 멀리 떨어진 직장으로 시간에 맞춰 출퇴근하는 임금노동자들이 급증했고, 이에 따라 노동력의 재생산(휴식)과 노동자의 재생산(출산)에 가장 효율적인 형태로 가족의 모습이 지금처럼 급변했다. 변화를 주도한 것은 "덮어놓고 낳다보면 거지꼴을 못 면한다"는 공익 광고로 대표되는 국가의 경제개발 논리였다.

1961년 '혁명'정부 국가재건최고회의 의장 박정희가 시작한 가족계획사업은 그의 집권 내내 국정 과제 중심에 있었고, 그의 죽음 이후 1986년까지 5차를 거듭한 '경제개발 5개년 계획'의 핵심 과제였다. 강산도 변한다는 10년을 여섯 번 가까이 넘은 2018년 가족 정책 역시 국가 경제 논리라는 면에서 시대착오적이다.

한 줄로 요약하자면 '일해서 번 임금으로 세금 낼 사람을 만들어달라'는 거다. 박정희의 '낳지 마라'가 성공을 거둔 데 반해, 2000년대 중반부터 이어진 '낳아라'는 실패를 거듭하고 있다. 그 60년 사이에 국가만 빼놓고 세상도 시민도 변한 거다. 국가 경제라는 게 내 살림살이와는 완전 딴판이며, 더구나 행복한 가정이니 사람의 도리니 하는 타령에 이용만 당하는 판이라는 걸, 서민들이 알아버린 거다. 사는 게 갈수록 힘들어지는 판에 내 돈과 돌봄노동을 들여 납세자이자 근로자로 차출될 노예를 더 이상 만들어주지 않겠다는 거다.

물론 사는 형편에 따라 가족 또한 양극화되어 있다. 자식의 성공에 온갖 지원을 할 여력이 있을 뿐 아니라 물려주고 물려받을 재산이 많은 부자들에게 가족은 유지하고 확장해야 할 단위다. 이들은 속은 어떻든 겉으로는 친밀감이 오고 가는 운명 공동체이자, 장차는 유전공학까지 구매하며 더 건강하고 유능하고 행복한 가족을 기획할 것이다. 한편 '다른 세상'의 가난한 사람들에게 가족은 갈수록 걱정거리 운명 공동체다. 이는 계급에 따른 출산율의 양극화로 드러난다. 2015년 소득 상위 20퍼센트의 평균 출생아 수가 2.1명인 데 반해, 하위 20퍼센트에서는 0.7명이었다.

서민을 염두에 둔다면, 국가 정책에서 사회의 기본 단위는 더욱 더 가족이 아닌 시민이어야 한다. 국가와 시민 사이의 권리와 의무는 개인의 생애주기와 형편에 따라 새롭게 재편되어야 한다. 국가와 여성가족부가 이뤄야 할 발상의 전환은, 국가 정책에서 가족 항목을 해체하고 가족에 떠넘겼던 부담을 가져가는 것이다. 솔직히 돈 걸을 데는 많지 않은가.

2부 **치열하게 중심을 잡고 살기**

중하위 계층 5060세대 여성들이 나누는 세월호 이야기

　어제 독거노인복지센터 사무실에서 내 또래의 노인관리사들과 이런저런 말 끝에 세월호 이야기가 이어졌다. 그러면서 그 유가족과 부모들에 대한 맹비난이 쏟아졌다.

　'그렇게 돈을 많이 준다는데도 더 받으려고 버틴다. 대통령이 뭘 잘못했다고 정부한테 난리냐? 나라를 지키다 죽은 천안함 사망자에게는 3000만 원을 주면서 교통사고로 죽은 학생들에게는 수억 원을 주다니 정부가 미친 거다. 가라앉은 배를 그 큰돈 들여 건져서 뭐하냐? 이미 다 녹아 없어졌을 시신 상할까봐 망을 하고 어쩌고 하느라고 돈이 더 들어간다니 말이 되냐? 다 국민한테 세금 걷어서 하는 건데 그 유가족들 해도 해도 너무한다'에 이어 '아닌 말로 세금 걷어서 국가가 노인들한테 이렇게 써대는 것도 문제가 많다'까지, 일단 쏘아진 화살은 난데없이 그녀들의 서비스 대상자인 노인들에게까지 넘어갔다 돌아온다. 확실하지 않은 정보가 난

무한다. 정보의 진위 여부보다 그녀들의 마음과 생각의 맥락을 알고 싶어, 나는 가능하면 개입하지 않은 채 듣고 있었다. 사람들의 세상에 대한 관점은 어떻게 만들어지는가가 최근의 내 화두다. 또 하나, 그들이 떠올리는 '국가'는 무엇인가도 참 어려운 질문이다. 그러고 보니 이 세월호 논란의 시작은, 말복인 오늘 노인들과 함께 보러 갈 영화가 「연평해전」에서 「암살」로 바뀌었다는 소식에서부터 비롯되었다. 당하는 국민에게든 싸우는 시민에게든, '국가'는 오나 가나 예나 지금이나 난제다.

일베니 보수 할배니로 통칭되는 사람들의 말과 논리가 5060세대 중하위 계층 여성들인 노인관리사들의 입에서 쏟아져 나왔다. 당시 사무실에 있던 20여 명의 사람 중 네댓 명이 핏대를 올리며 뱉은 말이고, 그 말에 이의를 제기하는 이는 없었다. 아마 이견들은 있었을 것이다. 다만 핏대가 너무 높아 속내를 드러내지 못했을 것이다. 내 이견을 이미 알고 있다는 듯 "최 선생은 어떻게 생각해?" 하며 시비 삼아 말을 거는 사람이 있었다. '돈 얘기를 유가족 단체가 하지 않았고, 초기의 긴급 생계비 외에 보상은 아직 한 푼도 지급되지 않았으며, 원인 규명과 진상 규명이 우선이라는 게 유가족들 입장이고, 제대로 된 규명을 위해 배는 가능하면 덜 훼손되는 방식으로 건져야 한다고 생각한다' 정도를 감정을 섞지 않은 채 말했다. 감정적 시비로 번지지 않길 바라면서 그녀들의 생생한 말을 듣고, 그 논리나 판단의 근거 및 출처를 알아보고 싶어서였다.

내 생각을 물어본 사람은 빨갱이 이야기로 말을 이으며, 내게 빨갱이냐고 물었다. 나는 태연하게 "나야 원래부터 빨갱이지"라며 말을 받았다. 그녀도 악의는 없었고, 나 역시 감정은 섞지 않았다. 분노가 꼬물거리지만, 표출할 자리는 아니었다. 마음을 다독이기는 해야 했다. 그러다가 선거로 화제가 넘어가더니 '1번도 2번도 다 똑같은 놈들이며 그렇다고 통진당을 찍을 수는 없는 거 아니냐?'는 이야기로 이어졌다. '통진당은 해산됐다'고 말하자, '그 사람들이 잘했다고 생각하느냐?'고 그녀가 되물었다. '잘했다고 생각하지 않지만, 그렇다고 그런 이유로 정당을 해산하는 것은 옳지 않다고 생각한다'고 답했다. 기다렸다는 듯 '빨갱이 맞네'로 이어지고, '선생님이 생각하는 빨갱이랑 내가 생각하는 빨갱이가 아마 의미는 다른 것 같은데, 나는 나를 빨갱이라고 생각한다'고 답했다. 그녀도 핏대를 올리기는 하지만, 일부러 내 얼굴 앞에 와서 악의 없는 웃음을 지어 보였다. 나는 그저 그녀들의 생각과 내 생각 사이에 놓인 거리에 대해 암담한 무력감을 갖는 정도였다.

그녀들과 어디서 어떻게 만나야 하는가? 그녀들의 그 말과 판단들의 바탕에서 나는 무엇을 보아야 하는가? 가장 적극적으로 유가족을 비난하고 정부의 보상액이 과하다고 혀를 차며 내 사상 검증을 하는 그녀는, 마흔 초반의 큰아들을 최근에 사고로 잃은 사람이다. 다른 자리에서, 그 일로 자신이 '웃음을 잃은 사람'이 되었다고 말했었다. 나중에 전혀 다른 이야기 끝에 그 아들의 보상이 어떻게 되었는지 물어봐야겠다. 그 사고 전에 그녀는 근무 중 당한 작은 사고 건으로 내게 산재 상담을 받아 일이 잘 처리되기도 했었다. 내 속을 떠보는 질문들에도 불구하고 그녀가 내게 웃음을 보이는 이유는, 나랑 '적당한 관계'에 있고 싶어서일 게다. 나 역시 그녀와 적당한 관계를 유지하고 싶다. 그녀 외에 말을 보탠 다른 사람들 역시 평소 별다르게 이상하거나 편향된 이들은 아니다.

소시민 개인이 사회구조적 피해를 입었을 때 진상 규명, 책임자 처벌은 그저 먼 이야기다. 그들이 생각할 수 있는 것은, 슬픔이나 분노는 어쩔 수 없는 것이고, 내 재수나 운명 탓이니, 보상이나 받고 서둘러 끝내는 것이 현실적이라는 생각이다. 자신의 일이 아니니 그렇게 생각할 수 있다고 생각해본다. 그리고 자신의 일이라 해도 결국 그렇게밖에 될 수 없다고 미리 생각하고 있으며, 실제로 그렇게 합의하고 말 것으로 여겨진다. 그리고 남겨진 슬픔과 분노를 지니고 덮으며 혹은 어떤 방식으로든 무엇으로든 치환하며 살 거라는 생각이 든다. 그리고 그 치환의 순간과 자리마다에서 상처와 갈등과 몰이해들이 재생산되고……

새끼의 통곡 소리를 들으며
자기 통곡을 삼킨 에미가 밑불을 놓았다
- '비온뒤무지개재단' 창립총회에 참석하고 와서

　　'비온뒤무지개재단'은 한국성적소수자문화인권센터에서 인큐
베이팅된, 국내에서는 처음 설립된 성적 소수자들을 위한 공익 재
단이다. 동성애자, 양성애자, 성전환자 등 다양한 성소수자의 인권
과 문화, 교육활동을 지원하고 연대하는 것이 재단의 설립 목적이
다. 재단 창립총회에서 이사장을 맡은 한 FtM(female-to-male) 성
전환자의 엄마. 그녀의 간곡한 마음과 밑불이 있어서 이 재단의
설립이 가능했다. 그 아이가 스물일곱이 되었다니, 내가 그녀를 처
음 만나고 8, 9년이 흘렀다는 얘기다.

　　당시 나는 민주노동당 성소수자위원회 위원장을 맡고 있었고,
성소수자 진영 활동가들과 함께 전국을 다니며 '한국 성전환자 인
권실태조사'를 하고 있었다. 그때 그녀의 딸은 10대 후반의 고등
학생. 그 딸이 "나는 아무리 생각해도 남자"라고 한다는 것이었다.
천만다행으로 부모는, 자식이 그 이야기를 털어놓을 만한 사람들

이었다. 그래서 도대체 이게 무슨 날벼락인지 온갖 곳을 혼자 뒤지다가, 결국은 이해해야 하는 것까지는 알게 된 거다. 그래서 이해는 해야겠는데 이해하기가 너무 힘들어서, 어떻게 하면 이해할 수 있는지, 이해하고 나서는 또 어떻게 해야 하는지를 묻기 위해 남편의 손을 끌고 민주노동당 당사를 찾아온 것이다. 자식 때문이 아니라면 평생 진보 정당과는 무관할 사람들로 보였다.

그 부부보다 조금 먼저, 비슷한 또래의 다른 부부 한 쌍이 같은 이유로 찾아왔었다. 자녀의 나이도 한두 살 차이로 비슷했는데, 그쪽은 아들이 "나는 아무래도 여자"라고 한다는 것이었다. 특이한 새끼들 덕에 두 부부는 난데없이 친구가 된다. 그렇게 부모가 찾아오는 경우는 '자식이 성전환자임'으로 인해 발생한 부모 자식 간의 갈등이 이미 해결의 길에 들어선 단계다. 나를 처음 찾아왔을 때 그 엄마들의 하소연을 듣고 그들의 표정을 마주하며, 새끼를 키워본 나로서도 감히 안다고 말할 수 없는, 하지만 웬만큼은 가늠되는, 그녀들이 이미 겪었고 여전히 겪고 있을 혼돈과 고통과 염려와 두려움 앞에, 나는 무조건 그녀들 편일 수밖에 없었다. 이해해보려고 하는데, 이해해야만 하는데, 그래야 새끼도 살고 에미도 산다는 거는 알겠는데, 도무지 이해가 안 되는, 새끼의 성전환자로서의 정체성. 더구나 성별 구분이 공고한 한국 사회에서 중학교와 고등학교 시절을 지나고 있는 10대 중후반의 자식. 자식의 속이 더 힘들고 미치겠는 거는 알겠는데, 풀 길 없는 자식들은 그러다가 스스로 죽어버리기도 했다는데, 새끼가 저 스스로를 이해 못 해도 에미는 새끼를 이해해야겠는데, 그래서 모두가 돌을 던져도 에미는 새끼를 껴안고 돌을 대신 맞아줄 작정인데…… 그런데 도무지 이해가 되지 않아서, 아니 솔직히 말해 아니었으면 좋겠어서…… 새끼 없는 집에서 혼자 미친년처럼 울어대고, 길바닥을 헤매며 미치지 않기 위해 악을 써보고, 자식을 붙들고 말을 걸어보려다가 결국 또 싸움이 돼버리고, 제 방으로 들어간 자식은 문을 닫아걸고 혼자 통곡을 하고, 그 통곡 소리를 들으며 에미는 자기 통곡을 눌러 삼켜 애간장을 다 녹이고…… 그 에미들을 보내며 내가 해주었던 이야기. "그 새끼가 어떤 새끼든, 당신은 그 아이를 끝까지 사랑할 거 아니냐? 당신의 그 마음만, 새끼가 가슴 깊이 느끼게 하자. 아무리 힘겹고 미쳐버리겠어도, 그 마음으로 새끼도 당신도 견뎌질 거다. 그러면 길이 만들어질 거다……."

시간이 꼭 약이라고만 생각하지는 않는다. 하지만 시간이 흘러주어야만 하는 일들이 있다. 그 새끼에게도 에미에게도 10년 가까운 세월이 흘러주었구나……. 그리고 그사이에 많은 사람의 헌신과 수고로 성전환자에 대한 사회의 시선도, 성별 정정 판례도 한결 나아졌다. 두 아이도 20대 중반을 넘겨 제 갈 길을 가고 있다. 그리고 어제, 새끼의 통곡 소리를 들으며 자기 통곡을 삼켜야 했던 에미의 애간장이 밑불이 되어, 다른 새끼들과 에미 에비와 친구들을 불러 모으자고, '비온뒤무지개재단'이 수줍고 환한 웃음으로 문을 열었다.

"내 살은 거럴 우예 다 말로 합니꺼?"

    2018년 1월부터 구술생애사 작업 중인 대구 달성군 우록2리 산골 할매들 중, 여든하나 잡순 한글반 할매의 이야기다. 만 스물에 고개 하나 넘어 더 없는 집 팔남매 맏며느리로 시집왔다. 피차 센 고부간에 내내 시끄럽다가 결국 시어마시가 한동네 빈집으로 나가 살았으니, 맏며느리의 속앓이가 오죽했으랴.

    "내 시집올 때버텀 있던 다라아 큰 거로 하나 있었어예. 한븐은 미주 끼릴라꼬, 거 다라아에 콩을 당가놨는데, 그 날싸 말고 시어마시가 와서 거를 비아돌라 카는 기라. '가가도 끼리고 나믄 가가라' '당장 비아내라' 카마 둘이 또 쌈이 되삐따. '죽으마 다라아 가갈라 캅니꺼?' '씹터랭이 달토록 장에 댕기드마 다라아도 몬 샀나?' 카마 욕이 쎄지다가, 결국으는 다라아를 비와디렸어예. 무거버 들지도 몬 하고 질질 끄실고 나가시데예.

    거를 우에 집이서 다 보고는 '우리 다라아 가가 끼리소' 이칸 기

라. 그래 거래도 가갈라고 가는데, 어른이 또 '우리 다라아 놔두고 멀라꼬 너므 다라아 가오노?' 이카믄서 끄실고 가던 다라아를 길바닥에 탁 내동대이치고 가뿌는 기라. 끄실고 갈라 카이 힘이 부쳤는 거라……. 그때만 해도 승질이 별라 그카나 캐서 내도 쏘가지를 부렸드만, 오새 생각해보이 그때 벌써 치매가 왔든 기라……. 다 돼봐야 아는 기라. 그 어른이 구십여섯꺼정 씽씽해가 내를 억쑤로 밉다 캐쌓더니, 내가 어른 집 도배 간 날 문지방에 걸려 씨러져 업혀와가꼬, 한 달을 밥이랑 물이랑 내 손에 얻어잡숫고 가싰으예……. 쏘가지 드러븐 메누리년 낯 세워주구 가신 거라 그기……."

미움은 잘만 풀면 자기 삶을 만드는 힘이 된다. 고부 갈등을 부계가족 내 여성 간의 불화와 시기로만 보는 것은 협소하다. 각자를 지키는 힘도 되었고, 복종이 아닌 연민과 성찰의 마음도 키워주었다. 먼저 간 시어머니도 집 나갔다 자식들 때문에 돌아왔었고, 이 할매도 도망갔다 "젖이 퉁퉁 뿔어가 기어 들어왔"단다. 누가 어떻게 망가뜨려도, 버티며 살려내는 사람들이 있다. 1월에 물으니 허리가 곯아 농사는 끝이라던 양반이, 3월에 가니 집 근처 밭을 이쁘게 갈아놓았다. 영감이랑 수십 년간 어느 부자네 산과 묘를 갓지기 해주고 얻은 밭이다.

"올개는 머 별라 안 숭굴라꼬예. 콩 쪼매 숭구고, 들깨 쪼매 숭구고 마, 파랑 팥이랑도 쪼매만 숭구고, 채소는 마 상치 꼬치 그런 거 몇 개 숭궀다가, 나중에 배치나 쫌 숭구고. 머 이제 별라 안 숭굴 꺼라예."

병원비가 더 들어간다는 타박은, 농부가 아닌 이들의 타산이다. 가뭄과 장마가 이어지는 지금, 물 대고 물 막느라 할매들은 한글반을 자꾸 빼먹는단다. 이 골짝 표로 국회의원이 됐던 박근혜는, 대통령까지 해먹고는 감옥에 갔다. 숱한 대통령들이 성쇠를 거듭하고 숱한 진보들이 갈아엎겠다고 외치는 동안, 할매들은 밭 갈고 '개돼지' 키워 자식들 세상을 건사했다. 달성과 성주와 밀양과 강정의 노인네들이 묻는다. "문재인이가 되마 머시 달라집니꺼?"

없는 사람들 말을 글로 옮기다보면, 힘도 맛도 가락도 깎인다. 게다가 못 배운 사람들 말을 배운 사람들이 알아먹지 못한다. 여기서는 알아먹기 위한 손질만 하고, 최대한 말 그대로를 옮기고자 한다. 가독이 어려운 김에 공부들 좀 해봤으면 싶다. "내 살은 거럴 우예 다 말로 합니꺼?"는, 서울이나 산골에서 없이 산 노인들이 입에 달고 사는 넋두리다. 글보다 말보다 '살은 거'가 진짜다. 말이 되지 못한 속앓이와 쏘가지와 말없음을 느리게 헤아려주길 바란다.

엄마의 일기를 읽으며

얼마 전 엄마의 옛날 일기장을 그녀의 장롱에서 발견했다. 여든 여섯인 엄마는 인지장애증이 상당해서 일기장을 얻어오기 좋았다. 1967년부터 1980년까지이니 서른다섯에서 마흔여덟까지다. 나로 치면 초등학교 4학년에서 대학을 졸업한 해까지고, 내 마지막 가출 직후에서 일기는 끝났다.

"현숙아, 간밤 꿈에 너를 보았다. 너는 나를 미워하고 원망하겠지. 歲月(세월)이 흐르고 생각을 하노라면 너도 나를 이해할 때가 있을 거다. 이해 안 해줘도 좋다. 나는 이 世上(세상) 길을 피할 수가 없구나. 이게 사람들이 살아왔던 길이라면, 남들 하는 대로 그냥 울고 웃으며 따라가는 수밖에. 내가 어떻게 叛逆(반역)할 수가 있겠니?"(한자는 독음 없이 적혀 있다.)

'반역'을 떠올렸었구나, 엄마가. 스무 살이 넘으면서 반복된 큰 딸의 가출에 애간장을 녹이면서도, 자신이 못 한 반역의 기미를 알아챘을까? 마음 한구석 부러워도 했을까? 나에 대한 엄마의 잔소리는 늘 "너는 왜 그러고 사냐?"와 "나도 너처럼 좀 살아봤으면 좋겠다"를 오락가락해왔다. 나와 다른 선택을 한 엄마를 마흔이 넘으면서야 존중하게 되었다. 그녀는 당신 몫의 삶을 치열하게 살아냈고, 인지장애증을 앓는 지금도 그렇다.

이전의 가출들과 달리 마지막 것을 나는 출가出家라고 불러왔다. 그래봤자 다른 가家를 만들어 25년 후 다시 나왔지만, '아버지의 집'에서 출가한 것은 내 생애를 요약하는 한 문장으로 정리된다. "아버지를 미워한 힘으로 내 길을 만들었다." 단지 혈육의 아버지를 넘어, '아버지'로 상징되는 세상의 모든 질서와 규범과 관점을 의심하며 반역할 수 있었다. '아버지의 것들'은 거부했지만 내 것은 아직 만들지 못해 많은 방황과 혼돈을 거쳤다. 뒤늦은 내 글쓰기는 그 방황과 혼돈과 상처의 정리 작업이구나 싶다. "니가 요즘 책을 쓴대매. 나는 니가 그럴 줄 알았어." 문득 말짱한 정신으로 돌아온 엄마의 뜬금없는 칭찬이다.

일기는 온통 한 여자의 열정과 절망과 갈증과 절박이어서, 느리게 읽었다. 그 나이쯤의 내 내면이다. 상반된 선택을 한 두 여자의 내면은 고스란히 닮아 있다. 바글대던 갈등과 불평과 미움 속에서 온갖 돈벌이와 살림을 해대면서도 일기를 썼구나. 그래야 살 수 있었구나. 구로공단 근처 닭장 집 단칸방에서, 새벽이면 부엌 부

뚜막에 둥그런 양은 밥상을 펴고 쪼그려 앉아 무엇이든 끄적거려야 했던 내 시절이 떠올랐다. 그러지 않고는 나를 놓쳐버릴 것 같았다.

일기에서 보는 엄마의 자책과 달리, 사실 나는 아버지와의 싸움에 집중하느라 엄마를 원망할 새도 바라볼 새도 없었다. 엄마의 딸로도 다섯 남매 중 하나로도 기억이 참 적다. 가족들이 찾아주는 내 지난 삶을 보며, '나 모르게 다들 나를 용서해줬구나' 싶다.

그렇더라도 '용서'라니? '나 모르게 용서해줬구나' 따위의 게으른 문장, 특히 족에 관한 이 몰계급적이고 비릿한 문장이 싫고, '용서'의 사방으로 갖은 불공정과 시시비비가 희번덕거리지만, 간략히 하자면 나는 족에게서도 세상에게서도 많이 용서받으며 살았더라. 내가 한 미움과 혼돈과 방황과 안간힘과 더불어, 엄마가 못했고 내가 한 반역과, 세상으로부터 받은 용서 덕으로, 소위 독립이라는 걸 하고 있더라.

두 분을 방문할 때마다 아버지는 나한테만 오만 원짜리 지폐 한 장을 굳이 쥐여준다. 무심코 엄마한테 물었더니 또 말짱해져서, "젊어서 너한테 한 게 미안한가보지" 하신다. 귀 잡순 아버지한테 나도 미안한 게 많다.

밀려난 삶:
근로자로도 자궁으로도 쓸모없는

  자리에 앉자 눈에 들어온 건 무대 오른쪽 귀퉁이에서 머리를 객석 쪽으로 놓고 바닥에 등을 대고 누워 있는 여자다. 비틀리고 가느다란 다리, 객석을 향해 꺾이듯 젖힌 목과 머리, 일그러진 얼굴, 벌어지고 비뚤어진 입, 휘둥그런 눈, 뒤틀린 채 통제되지 않고 흔들리는 팔, 꼬이도록 뒤틀려 뼈가 부러질까봐 손가락 사이사이마다 감은 붕대. 마이크와 원고 뭉치로 보아 디제이 이보희. 극단 '춤추는 허리' 2017년 공연 개막 직전의 모습이다.

  내가 그녀들을 찾아간 건, 2004년 초 민주노동당 여성위원장직을 사퇴한 직후다. 당직을 맡은 동안 많은 여성에게 소위 '연대'라는 걸 하러 다니느라 바빴다. 대학로 마로니에공원에서 관객으로 함께한 '장애여성공감'의 문화제는, 미처 소화가 안 됐다. 각양각색 여자들의 빛깔과 노래, 휠체어와 몸이 함께 추는 춤, 뇌병변장애로 제멋대로 뻗는 동작과 그녀들이 만들어내는 몸짓, 중복중증장애로 인해 웃음인지 울음인지 헷갈리는 표정과 소리들, 도무지 알아들을 수 없는 어떤 공연자들의 수다. 소위 '정상'이니 '아름다움'이니 따위를 뒤흔들며 내 안의 학습된 인식과 감성들을 통째로 의심하게 된 건 깨어짐이라 치고, 그 자리로부터 옮겨와서도 내내 떨쳐지지 않는 '위안'은 대체 무엇인지. 당직 사퇴 후 그녀들의 연극팀 '춤추는 허리'에 비장애 배우로 끼어든 건, 내 위안의 정체를 알고 싶어서가 첫 번째 이유다.

2년간 크고 작은 공연들과 제주도 여행을 함께 하며, 많은 연습과 만남과 협의를 했고, 혼돈과 오류와 질문과 고생을 했다. 한 배우의 활동보조를 맡아 집으로 간 날, 그녀가 한 번의 외출을 위해 부딪혀야 하는 갖은 걸림돌들을 보았다. 그녀들의 싸움에도 함께 나갔다. 엘리베이터가 없고 리프트가 고장 난 계단들. 무한정 기다려야 하는 저상버스나 장애인 콜택시. 이동에 관한 휠체어 장애인들의 글을 읽는 것만으로도 신경질이 나는 것은, 속도와 효율에 관한 내 강박 때문이다. 지하철 철로에 쇠사슬로 몸을 묶거나 휠체어마저 버리고 한강대교를 점거하며 느리고 시끄럽게 기어가는 장애인들을 보며 느끼는 통쾌함은, 내 강박에 대한 비웃음이다.

그렇다면 위안은, 속도와 효율의 돈맛에 속아 매트릭스에서 근로자와 자궁으로 배양되는 비장애인들의 세상에서, 근로자로도 자궁으로도 쓸데없다며 밀쳐진 존재들이 노는 판에 끼어들었다가 문득 알아챈, 반역의 꿀맛이다.

2017년 작품은 3막극 「불만폭주 라디오」. 주인공들의 이름을 빌려 모든 공연진에게 늦은 감상문을 전한다. 발달장애 여성 조화영/들을 향한 온갖 엄마들의 보호와 걱정에 붙들리지 말고, 무슨 짓을 해서라도 통장을 만들고 돈을 모아 심란한 일들을 더 만들기를. 자녀들과 남편과 뇌병변중증장애 여성이 함께 사는 온갖 뒤죽박죽에도 불구하고 이미 늦어버린 회의에 가기 위해 활동보조 없이 혼자 밤길에 나서, "중심을 잡고 싶다"고 외치는 이준애/들. 홀로 바들바들 떨고 있을 때가 치열하게 중심을 잡고 있을 때입니다. "결국 나는 비장애인의 공연을 그럴듯하게 흉내 내는 것이냐?"고 자신과 관객에게 묻는 연출가이자 배우 서지원/들, 누구에게도 묻지 말고 누구와도 비교하지 말며 지금까지처럼 가시기를. 자신 속으로 느리고 질기게 길을 뚫고 있는 당신들 덕으로, 다른 세상은 한 뼘씩 넓어지고 있더이다.

혁명의 징후를 보여주는 출산파업

네이버 국어사전이 말하는 '혁명'의 첫 번째 의미는 "헌법의 범위를 벗어나 국가 기초, 사회 제도, 경제 제도, 조직 따위를 근본적으로 고치는 일"이다. 이에 따르자면 2017년 촛불에 '혁명'을 붙이는 것이 얼마나 과잉인지는 박근혜 재판부가 보인 '이재용 대접'으로 여실히 드러났다. 문재인 정부의 등장 역시 체제 내 정치권력의 자리바꿈이어서, 근본적 변화는 기대하지 않는다. 정치권이 자본의 정책 담당 부서로 전락한 것은 이미 오래된 이야기다.

30대 초반인 1987년께 만난 예수로 인해 사회운동 활동가가 된 나는 타국의 혁명들에 경도될 기회가 없었다. 10여 년의 진보 정치 활동을 접고 아직 함께할 진보 정당을 갖지 못한 사람으로서, 혁명의 기미를 두리번거리는 것은 떨칠 수 없는 습관이자 세상을 보는 관점이다. 그러다가 최근 혁명의 기미를 넘은 징후를 문득 감지하고, 긴가민가하여 의심과 상상을 거듭하며 설레어하고 있으니, 그것은 출산파업이다.

내가 '출산파업'이라는 단어를 사용하기 시작한 것은 민주노동당 여성위원장을 맡은 2004년 무렵이었다. 계속 하락하던 출산율이 2004년에 1.154로 더 떨어졌고, 당시에는 경고의 의미로 그 단어를 사용했다. 이후 미미한 등락을 거듭하던 출산율은, 2017년 1.05로 추락했다. (2018년 출산율은 0.97로 역대 최저치다.) 지난 10년간 쏟아부은 126조 원의 저출산 대책 예산에도 불구하고 임계점을 넘은 것이다.

하여 이제 명실상부한 출산파업 현상은 경고의 대상인 부정적 상황이 아니라, 혁명의 징후를 가늠케 하는 희망적 상황이다. 자본 권력이 지배하는 세상에서는 도긴개긴 해봤자 어차피 노예일 수밖에 없는 '근로자이자 소비자'를 더 만들어주지 않겠다는, 만들어줄 형편이 못 된다는 출산파업 현상은, 만국 노동자들의 단결보다 자본에 더 근본적인 타격이며, 선동도 구호도 아닌 현상이어서 더 믿음직하다.

지금의 사회 체제가 유지되어야 한다고 생각하는, 그래야 자신의 삶도 더 낫다고 기대하는 사람과 집단에게, 출산파업은 당연히 막중한 사회 문제일 것이다. 하지만 체제가 근본적으로 바뀌어야 한다고 생각하는, 그래야 혹 자신의 삶에도 가능성이 생길 수 있다고 생각하는 사람들에게, 출산파업 현상은 체제 변혁이 불가항력이 된 희망적 상황일 수 있다. 모든 혁명과 파업엔 위험과 불안과 두려움이 없을 수 없지만, 그것 아니고는 탈출구가 없는 설국열차의 뒤 칸 사람들에게 이 임계 상황 이후는 기대해볼 만하다. 그것이 해체든, 붕괴든, 리셋이든, 다른 시작이든.

그러고 보니 내 주변에는 아이를 낳지 않는/못하는 사람들이 이미 부지기수다. 가난한 가임기 사람들, 동성애자, 성전환자, 중증장애인, '그런 가족' 아닌 다른 삶에 집중하고자 하는 활동가와 예술가들. 그들 중 대부분은 이미 체제 밖으로 밀려났거나 혹은 그러길 선택했다.

각별한 정체성만이 아니다. '이런 세상'에서는 아이를 낳고 싶지 않다는 판단을 넘어, 아이에게 물어보지도 않고 '이런 세상'에 태어나게 하는 것은 폭력이라고 말하는 합리적인 판단들도 이젠 흔하다. 이미 부모가 된 사람 중에도, 아이를 키우다보니 이런 세상에 아이를 태어나게 한 것만으로도 죄지은 기분이 든다고 말하는 이가 늘어난다.

횡행하는 종말론적 저출산 담론은 저들의 협박이자 헛소문이다. 나눠 먹을 총량은 이미 충분하다. 나눠 먹는 사회로 뒤집어지지 않는 한, 낳은 사람이든 낳지 않은 사람이든 각자의 방식으로 출산파업을 확장하자. 주도권은 노예가 아닌 삶을 살고자 하는 시민에게 있다.

3부 비하와 경멸은 당신들 몫이다

"선생님들요, 듣고 계십니까?"
: 『숫자가 된 사람들』을 읽고

집으로 돌아가 소중한 사람에게 자신이 겪은 고통들을 안도하면서 또 열정적으로 이야기하는 꿈, 그러나 믿어주지 않는, 아니 들어주지도 않는 꿈이다. 가장 전형적이고 잔인한 것은 상대방이 몸을 돌리고 침묵 속으로 가버리는 것이다.

_프리모 레비의 『가라앉은 자와 구조된 자』*에서

1987년 '형제복지원'이 처음으로 사건화됐을 때, 서른한 살의 나는 이제 막 천주교 사회운동을 시작한 터였다. 30~40년간 독방 감옥에 살고 있는, 남파 공작원과 빨치산 출신의 비전향 장기수들에 관한 활동으로 바빴다. 당시는 '노동자 대투쟁'으로 일컬어지는 사회운동이 폭발적으로 터져나온 시기였다. 나도 운동 진영도 형

---

* 돌베개, 2014. 프리모 레비는 유대인으로, 나치의 아우슈비츠 수용소에서 생존해 나온 작가이자 화학자다. 1987년 자유죽음으로 생을 마쳤다.

제복지원 뉴스를 접했을 텐데 주목하지 않았다. '운동 외 공간' '정치 외 공간'이라며, 사건과 사람들을 배제했다.

2012년 봄, 무지하게 길고 구구절절한 사연의 피켓을 들고 한종선이 국회 앞에서 1인 시위를 할 때, 나는 요양보호사 등 '돌봄노동 제도 개선 토론회'로 국회를 찾았다가 그를 보았다. 잠깐 그에게 질문을 했는데, 그의 설명이 너무 길고 뒤엉켜 있어 나는 그를 지나쳤다.

2013년 10월 10일, '살아남은 아이들의 낮은 목소리'라는 제목으로 열린 '형제복지원 사건 피해자 증언대회'. 8090세대 여성 노인 구술생애사 막바지 작업으로 바빴고, 다른 일들에 말리지 말아야 했다. 핑곗거리는 많았다. 나는 특정 사건이나 집단의 사람들보다는 '주변 아무나 중 누군가'를 구술 작업의 주인공으로 삼고 있다. 다행히 '형제복지원'에는 여러 단체와 활동가들이 붙어 있는 듯했다. 게다가 '폭력'은 내게 피해와 가해의 상처가 뒤엉켜 있어, 가까이 가기에는 가장 버거운 주제다. 그러니 그 증언대회는 안 가도 됐는데, 가졌다. 가면서도 '그냥'이라며 거리를 두었다. 그런데도 행사장을 나오면서부터 붙잡은 증언 자료집을 다 읽을 때까지 놓을 수 없었다. 그들이 당한 폭력을 읽는 것만으로도 실물적 통증이 느껴져, 몇 번을 쉬어가며 읽었다. 증언자의 얼굴과 눈과 목소리와 사연들. 그럼에도 책과 함께 덮어 밀쳐두었다. 그쪽에 대해서는 간간이 소식을 확인하고 있었다.

2015년 6월 24일 『숫자가 된 사람들』(형제복지원 피해 생존자 구술기록집)의 북콘서트가 있다는 소식을 페이스북을 통해 알았다. 일정에 메모는 했지만, 안 갈 핑계를 떠올렸다. 남성 노인 구술생애사 작업이 후기 쓰는 데서 앞으로 나가질 않았다. 진도가 막힌데다 장애 여성 구술사 작업에까지 말려 있었다. 그런데 최재민('장애와 인권 발바닥 행동' 활동가)이 카톡으로 불렀고, 기다렸다는 듯 불려가졌다.

> 수용소에 대한 진실을 재건하기 위한 가장 실질적인 자료가 생존자들의 기억으로 이루어져 있다는 것은 명백하다. 그 기억은 그것이 불러일으키는 동정심과 분노를 넘어 비판적인 눈으로 읽혀야 한다. (…) 포로들이 자신이 놓인 비인간적인 조건들 속에서 자신들의 세계에 대해 총체적인 관심을 갖기란 힘든 일이다.
>
> _『가라앉은 자와 구조된 자』에서

피해자들의 증언은 더없이 감사하고 소중하다. 부당한 권력자들이 만든 역사가 아닌 피해자들이 증언하는 역사가 필요하다. 또한 안에서의 고통과 더불어, 바깥에 던져지고서야 오히려 더 확연하게 차오르는 수치심과 무력감을 함께 헤집어야 한다. 그것은 타인들의 수치심과 모멸감으로 이어져야 한다. 그들을 피해자로만 놓는 것은 그들을 다시 벽에 가두는 것이고, 타인들 또한 각자의 벽 속에 들어가는 것이다. 그러니 증언 속을 헤집고 그 너머를 추적해야 한다. 그들이 '피해자'나 '생존자'에 머물지 않기 위하여, 우리가 동정이나 규탄에 머물지 않기 위하여.

끌고 간 자도 끌려간 자도 인간이다. 가두는 자도 갇히는 자도, 폭력과 갈취를 행하고 당한 자도, 모두 인간이다. 박인근은 악마가 아니다. 기회를 쫓다가 혹 기회에 닿으면, 인간은 모두 아이히만이나 박인근이 될 수 있고 혹은 지존파가 될 수 있다. 구태여 악마를 지목하자면 돈과 권력에 대한 과도한 욕망이다.

'부랑아'와 '인간쓰레기'라며 그들을 거둬간 경찰과 박인근에게, 그 '쓰레기들'은 승진과 돈으로 재활용되었다. 당시 대통령 전두환에게 '사회 정화와 질서 유지'는 부당한 정권을 정당화시켜주는 명분이었다. 그는 박인근을 "거리에서 거지를 없앤 훌륭한 사람"이라며 칭찬했다. '단속과 배제'의 담론은, '정상과 비정상' 가르기의 연장이다. 그 연장을 묵인한다면 우리도 결국 그 포승줄에 묶인다.

이에 대항하여 고통받는 약자에 대한 연대가, 길이라면 유일한 길이다. 그렇더라도 궁극의 정의나 해방은 없다. 유감스럽게도 역사는 되풀이되고 있다. 형제복지원은 이전에도 이후에도 계속된

'오래된 미래'다. 부당한 권력에 맞서는 것은 의로운 인간의 과제이지만, 그것은 끝없는 싸움이고, 자신과의 싸움도 병행된다. 누구에게나 자신과의 싸움이 가장 절박하다. 나침반의 바늘은, 온몸을 떨고 있을 때라야 북쪽을 가리킨다.

시설을 나온 한종선은 "복지원 생각이 날 때마다 머릿속에 '칼'이라는 단어가 메아리쳤다"고 한다. 2012년 봄 그는 칼 대신 피켓을 들었고, 끝까지 버티겠단다. (2018년 10월 초 현재, 한종선과 그의 동지들은 국회 앞에서 천막 농성을 계속하고 있다.) 황송환 역시 '탈출하면 세상 사람들을 눈에 뵈는 대로 다 때려죽이고 싶었'고, 이제는 '보상도 필요 없고 오로지 진실을 밝히고 싶'단다. "선생님요, 듣고 계십니까?"라고 절규하는 그가 어느 쪽 마음을 붙들고 가느냐는, 안에서나 밖에서나 그들만의 책임이 아니다.

> 잔인함과 참혹함은 뿌리도 터전도 같고 열매도 통한다.
> 인간을 동물로 만드는 잔혹함 속에서도 인간은 여전히 인간이다.
>
> _『가라앉은 자와 구조된 자』에서

잔인함과 참혹함은 뿌리도 터전도 같고 열매도 통한다. 일상의 삶이 그렇고, 폭력이 압축된 공간에서는 더더욱 그렇다. 한 사람, 한 사건, 한 사회 안에 가해와 피해는 뒤엉켜 공존한다. 피해자들이 그렇듯, 가해자들도 얼굴과 맥락이 있는 사람이다. 순진무구한 피해자와 악마 같은 가해자로 구도를 설정하는 한, 우리는 형제복지원의 진실뿐 아니라 각자의 진실에 가까이 다가갈 수 없다. 그것은 현황을 위조하고 방조하며 그로부터 도피하는 일이다. 중대장, 소대장, 총무, 조장 등은 가해와 피해에 얽혀 있었다. 참혹한 피해자들에게는 가해자의 잔인함이 전이된다. 경계선은 직선이 아니며 둘둘 뒤엉키고 뭉개져 있다. 매 순간의 처지와 입장이 있을 뿐이다. 생존을 위해서는 힘에 굴종할 수밖에 없었다. 굴종을 거부한 김계원들은 맞아 죽었다. 최승우가 본 '쌀가마니를 뒤집어쓴 채 리어카에 실려가는 여섯 개의 다리들'을 포함해 사망자 551명은, 굴종을 거부했거나 폭력에 목숨을 놓았다. 직면을 피하지 않고 산다는 것이 얼마나 처절하고 두려운 것인가를 보여주는 홍두표는, 형제복지원을 제2의 고향이라며 여전히 근처를 떠나지 않고/못하고 싸우며 산다. 그의 직시와 그의 하느님을, 나는 도무지 대면할 수도 감당할 수도 없다. 그들이 당한 폭력과 고통을 내가 이해한다고 말할 수 없듯이.

　인간을 동물로 만드는 잔혹함 속에서도 인간은 여전히 인간이다. 안에서도 일상의 삶이 있었고, 질긴 인연은 형제복지원 전에서 시작해 지금까지 이어진다. 하안녕에게는 '수수한 사랑'과 언니들과 마음씨 좋은 운전교육 소대장이 있었다. 정신병동 침대에 묶인 채 밤새 하염없이 '바위섬'을 부른 미친 여자가 있었고, 잠을 포기하며 그 줄을 풀어준 여자가 있었다. 혹 다시 끌려가면 되돌아 찾아 나오려고, 그녀는 지금도 길거리의 간판과 숫자들을 외운다. 홍두표에겐 '이것이 아니었다면 살 이유도 살 수도 없었다'는 한 모금의 물을 준 사람이 있었다. 김희곤에겐 구출을 도와준 신발 공장 기술자 염 아저씨가 있었고, 도망자에게 기차표와 김밥과 옷을 준 사람들이 있었다. 복지원 안에서 늘 손을 잡고 다닌 김상명과 형주는, 27년 만에 증언대회장에서 다시 손을 잡았다. 인생이 집약된 서류철을 들고 다니는 김영덕은 잃어버린 생애를 추적하고, 자신을 버린 사람들과의 관계를 홀로 복원하고 재구성하며 산다. 김철웅은 대여섯 살에 떠난 엄마가 수십 년 만에 자신을 안아주자, 세상을 다 얻었다고 한다. 아버지의 폭력을 피한 가출에서 형제복지원에 끌려간 이향직은, 아버지와의 화해에 실패하고 장인 장모를 모시고 산다. 최승우는 하나밖에 없는 동생을 복지원에서 만나야 했고, 출소 후 동생은 자살했다. 복지원에서 만난 초등학교 시절 담임은 승우를 돕지 않았고, 그 담임은 후에 복지원 내 중학교 교장이 되었다. 첫 기억이 고아원에서 시작된 홍두표는 만 37세가 되어서야 시설들을 벗어났다. 이후에 그를 도와준 사람들은 술집 형들이나 자갈치 할매였다. 동생과 함께 끌려가 합창단을 했던 이혜율은, 동생과 구슬치기도 하고 벌레와 쥐와 지네를 잡으며 놀았고, 한때 주말이면 후원자의 집에 다녀오기도 했다. 혜율은 여성 피해자들의 아픔을 더 드러내고 싶고 끝까지 파헤치는 시나리오를 쓰고 싶단다. 박경보는 함께 수용된 소아마비 형으로부터 끊임없이 도망쳤지만, 그 형을 찾아 또 끊임없이 더 큰 위험 속으로 들어갔다. '엄마'라는 소리를 배울 나이에 고아원에 버려진 경보는, 형제복지원에서 만난 준오를 동생으로 입적시켰다. 자살 1년 전부터 트라우마가 몰려온 준오는 늘 머리맡에 칼을 놓고 잤다. "우리 준오 이야기를 꼭 써주세요', 경보의 말이다. 호적을 살리려고 가족을 찾아 헤맨 그에게, 찾은 가족은 더 큰 상처였다. 죽음과 자살을 늘 옆에 두고 산 김희곤은 자신의 끝을 자유죽음(자살)으로 정했다고 한다. 각자도생의 이기와 전략들에서 노인과 장애인들은 더 밀려났다.

> 사건은 일어났고 따라서 또다시 일어날 수 있다. 이것이 내가 우리가 말하고자 하는 것의 핵심이다.
>
> _『가라앉은 자와 구조된 자』에서

2012년 봄, 원한의 칼 대신 홀로 국회 앞에서 피켓을 들고 있던 한종선이 있었고, 나와 달리 그를 지나치지 않은 전규찬이 있었다. 기억의 고통과 혼돈을 무릅쓰고 구술한다는 것은, 그들 안에 압축

된 모멸감과 수치심을 덜어내는 일일 수도 있다. 하지만 폭로와 증언을 위한 구술은 그 이야기가 사람들의 귀에 꽂히고 사회의 구체적 변화가 확인될 때라야 혹 내적 해방이 될 수 있다.

그들은 증언했고 우리는 들었다.

모든 개인은 구구절절 각별하다
– 가난 속으로 들어가는 구술생애사

세상만사가 우연이라면 우연이고 필연이라면 필연이란다. 사람의 생애 역시 바다 위 일엽편주이고 우주 속 먼지에 불과할 수 있다. 하나 마나 한 이야기에 사나 마나 한 사람들인 듯싶지만, 그럼에도 한 사람은 한 세상을 살며, 누구든 자기 세상의 중심이다. 어디에 어떻게 놓일지는 스스로 선택할 수 없지만, 무엇을 바라며 어떻게 살지에는 각성과 선택의 여지가 있다. 같은 외양이라도 내면은 제각각이다. 그래서 스스로 자기 삶을 구술하는 구술생애사는 의미가 있다.

"나 살아온 걸 책으로 쓰면 열 권은 나올 거다." "내가 글만 좀 쓸 수 있으면, 나 산 거를 꼭 책으로 낼 텐데." 내가 구술생애사의 주인공으로 만나려는 사람들이다. 사람은 자기 살아온 이야기를 풀어놓고 싶어한다는 면에서 누구라도 주인공일 수 있다. 하고 싶지 않다고 말하는 사람들일수록, 풀어낼 것이 많거나 풀어내고 싶은 욕망이 클 수 있다. 남부끄럽고, 기가 막히고, 풀어냈다간 주변이 한바탕 난리가 날까봐 겁나고, 그래서 더더욱 자기 안에서 정리가 안 된 사연과 감정들이 뒤죽박죽 엉켜 있다. 구구절절한 사연과 맥락 속에는 한恨과 미움과 분노와 억울함과 응어리와 수치심과 자책감이 징그럽게 얽혀 있지만, 그 틈틈이에는 애틋함과 당당함과 미안함과 용서 또한 이미 있다. 철딱서니가 없었고 밴댕이 소갈딱지마냥 꼬라지도 부렸다. 한 치 앞을 모른 채 사건과 사고에 휘둘려야 했지만, 지나놓고 보면 새옹지마구나 싶기도 하다. 한바탕 부글거리더니만, 풀어놓고 나니 남의 이야기 같단다.

못 배워서 글을 잘 못 쓰는 사람들을 주인공으로 한다는 면에서, 구태여 '민중'이니 '여성주의'니를 붙이지 않더라도 구술생애사는 가난을 지향한다. 가진 자들이 주도하고 정리한 역사歷史 속에는 끼어들 여지가 없었다. 저들 역사의 밑바닥에서 부딪치고 밀리고 굴복하고 버티며 살아온 역사力事들을 말하고 기록하며, 화자와 청자와 독자가 함께 재해석하자는 것이 구술생애사의 목적이다. 내 경우 구태여 특정 사건이나 특정 현장을 찾아가려 하지 않는다. 특정 사안에는 그나마 기록하는 사람들이 붙기 때문이다. 길거리와 일터와 시장과 지하철에서 부딪치는 흔해빠진 사람들의 생애가 나는 더 궁금하다. 전형적이거나 평균치에 놓인 사람은 없으며, 모든 개인은 구구절절 각별하다.

그렇다고 아무나 붙잡고 얘기를 해달랄 수는 없다. 청자와의 관계가 중요하기 때문이다. 가난한 사람일수록 듣는 이가 누구인지를 중요하게 여긴다. 낙인과 수치심과 자책에도 불구하고 이야기를 풀어내자면, 듣는 이가 어떻게 듣고 있는가는 내내 중요하다. 믿고 시작했다 하더라도, 구술생애사 작업은 시종일관 화자(말하는 사람)와 청자(듣는 사람이자 쓰는 사람)의 밀고 당기기다. 화자는 청자의 표정과 맞장구와 질문과 끼어들기를 통해, 청자의 '인간에 대한 이해'를 계속 간 본다. 그러면서 무엇을 어디까지 어떻게 말할지 끊임없이 전략한다. 말하기로 작정한 사람에게서 어디까지 끌어낼 수 있는가는 듣는 사람의 역량이자 품이다.

8090세대의 구술생애사가 비교적 지난날의 한풀이에 주목했다면, 젊은 세대로 올수록 과거의 재해석을 통한 현재의 확인과 미래의 기획에 주력한다. 듣는 이는 맞장구와 질문을 통해 말하는 이의 기억과 경험과 해석에 간섭한다. 단지 가난을 듣고 기록하여 독자들과 공감을 나누자는 것이 아니다. 가난을 감수하는 것을 넘어 낙인과 배제까지 당해야 했으며 자괴와 자책에 빠져야 했던, 그 해석들을 되짚어보자는 것이다. 이를 통해 지금 여기에 널려 있는 우리의 가난과 낙인과 배제, 만연한 우울과 열패감과 무기력도 추적하자는 것이다.

가난에 관한 질문들

가난한 이들에게 생애 이야기를 청하는 사람으로서, '가난'에 관한 내 궁극적 시선을 우선 밝힌다. 가난은 세상을 사는 온당한 존재 방식이라고 나는 확신한다. 여기서 언급하는 가난은 경제적 가난뿐 아니라 사회문화적 가난과 성적 가난 등을 포함한다. 가난 자체가 상대적이듯, 온당함 역시 상대적이다. 경제적으로 가난한 사람은 일상 자체가 더 생태적이며 더 반자본적이다. 사회문화적으로 권력이 없는 사람은 해惡의 양과 질에서 덜 가해적이다. 가부장 사회에서 여성은 억압할 권력과 기회가 상대적으로 적다. 따라서 가난은 잘 감당하기만 한다면 평화적이고 생태적인 존재 방식이다.

한편 가난은 빈곤으로 찌들면서, 인간다운 삶을 위한 조건의 결핍과 피해와 피억압과 해체 등으로 직결되곤 한다. 그런 면에서 주인공들이 어떤 경로로 가난하게 출발했고, 가난해졌고, 가난이 극복되지 않았는가는 구술사 작업 내내 내가 주목하거나 질문하는 대목들이다. 밥벌이와 셋방살이와 이사 다닌 동네들과 빈곤으로 인한 가족 공동체의 해체 등을 추적한다.

다른 한편 '왜 가난한가?'보다 더 중요한 것은 '자신의 가난에 대해 어떻게 느끼는가?'라는 질문이다. 드물지만 '나 가난한 게 남한테 무슨 죄가 돼? 부끄러운 게 뭐 있어?' 하는 당당한 사람들도 있다. 하지만 대부분의 사람은 빈곤 때문에 자신을 쓸모없고 실패한 사람으로 낙인찍는다. 고단한 노동과 싸구려 임금을 억울해하며 분노를 느끼는 사람은 드물고, 빈곤한 처지에 대해 자괴감을 넘어 죄책과 자기혐오까지 가지고 있다. 빈곤을 게으름이나 방종으로 분류하고 비정상과 사회악으로 규정하는 보수 기득권자들의 지배 이데올로기와 정상正常 이데올로기가 가난한 사람들에게 고스란히 내면화되어 있곤 하다. '가난한 사람들은 어떤 경로로 보수화되는가?'에 대한 답을 찾아야 하고, 다음 세대의 가난한 자들에게 보수화가 답습되지 않도록 그 답을 가지고 가난한 동네로 들어가야 한다.

유부남에게 속아 스물다섯에 낳은 딸 하나를 혼자 키웠고 아직도 자기 밥벌이를 하는 일흔 초반의 간병인 할머니가 왜 비정상이란 말인가? 홀아비 목수가 노가다로 번 돈을 술집 여편네들한테 퍼주며 평생 공사장을 떠돌았기로서니, 그게 대체 누구에게 죄이며 피해란 말인가? 화신백화점을 구경 왔다 삼팔선과 임신으로 끈이 떨어진 열아홉 평양 처자가 남의 나라 전쟁에 팔려온 미군에게 몸을 팔며 새끼를 목사로 키웠기로서니, 뭐가 어쨌다고 왈가왈부들인가?

고단한 노동으로 세상을 떠받치며 되는대로 나눠 먹으면서 질기게 살았다. 혹 세상의 희망이라면, 여전히 내내 잡초들이 희망이다.

한만삼을 빼돌린 형들 조직

썩어빠진 교회를 향해 예수는 "너희가 이 성전을 헐라. 내가 사흘 만에 일으키리라"(요한복음 2장 19절)라고 부르짖었는데, 한만삼이 맡았던 성당의 평신도회는 '사흘만 보도거리가 없으면 잠잠해질' 거라는 문자를 돌렸고, 적중했다. 무엇보다 초장 대응이 전광석화였다. 성폭력 보도가 나간 2018년 2월 23일, 이미 한만삼은 사라졌다. 수원교구 말로는 '지방에 내려가 회개'라는 걸 하고 있단다. 주일미사를 포함해 '3일간 미사 없음' 공지와 함께 저 문자가 돌았다.

25일엔 수원집 큰형 이용훈 주교와 천주교정의구현전국사제단 형들이 사과문을 냈고, 28일엔 큰집 맏형 김희중 대주교가 담화문을 냈다. 사고 친 동생을 잽싸게 빼돌리고, 형들 몇 명이 대신 나서서 사과라는 걸 한 거다. 작금의 성폭력 폭로 대열에서 모든 가해자가 뭐가 됐든 한마디씩은 하는데, 한만삼만 입도 뻥끗 안 하고 있다. 형들이 침묵을 명했을 테고, 이 경우 침묵 명령은 직무정지와 빼돌리기가 합작된 조직적 은폐다.

한만삼은 증발했지만, 그의 사진과 온갖 정의롭고 평화로운 말과 동영상들, 그가 쓴 책과 글들이 온라인과 오프라인에 나돌고 있다. 성폭력범이라 해서, 그가 한 일들이 다 거짓이라고는 할 수 없다. 너나없이 인간은 표리부동하고 다중적이며 난해한 존재다. 형들에게만 인정하고 형들 뒤에 숨어버린 게 졸렬하다는 거고, 그래도 끄떡없는 이유는 형들과 형들이 장악한 비상非常(비상식)한 국제조직 덕이라는 거다.

신부들의 성폭력에는 남성 권력의 문제와 함께 독신 문제가 없을 수 없다. 종교 지도자들의 성폭력을 다룬 기사에서 공정식 범죄심리학 교수는 "내적으로 성범죄 욕구를 갖고 있는 이들이 과도하게 도덕 윤리를 겉으로 강조하는 건 자신의 부도덕한 면을 숨기기 위한 일종의 방어기제"라고 분석했다(『일요신문』 2월 23일). 실화를 바탕으로 신부들의 아동 성폭력과 교회의 조직적 은폐를 다룬 영화 「스포트라이트」에 나오는 가해 신부들의 심리치료 전문가는 "신부들의 성폭력을 하나의 정신병리 현상으로 분류할 만하다"고 말했다. 익명이 보장된 통계 조사를 근거로 그는 "신부들의 50퍼센트 정도가 다른 성인과 성관계를 한다"고 말했다.

몰래라도 한다니 다행이다. 강제로 못 하게 하는 것이 문제다.

신부도 직업인데 '하려면 옷 벗고 하라'는 압박은 생존권 위협이다. 신부를 포함한 모든 성소수자의 '커밍아웃하지 않음'은 보장되어야 하고, 신부를 포함한 모든 사람의 성적 자기결정권 역시 보장되어야 한다.

문제의 핵심은 독신이어서 더 성聖스럽고 신神스럽다고 포장된 남자들이, 크고 작은 조직의 대장 자리를 모두 차지하고 앉아 있는 천주교 조직 자체다. 그 남자들이 없으면 제사(미사)조차 못 지내는 퇴행적이고 자폐적인 성차별적 집단이며, '아버지' 하느님과 '아들' 예수를 내세워 남성 권력 카르텔을 대물림했다고 21세기에도 우기는 희귀한 조직이다.

하나 더, 한만삼 건에 직면해 발언만이라도 할 만한 천주교 단체들의 의뭉스러운 침묵. 교회 내 공식 기구들이야 그러려니 하는데, '교회 쇄신과 사회 민주화'를 목표로 모인 신자들의 자발적 공동체와 여성 공동체들마저 입을 봉한 채, 몇 개 언론이 경과만 보도하고 있다.

2018년 3월 9일 마친 큰형들의 대회(한국천주교주교회의 2018년 춘계 정기총회)에서도 한만삼에 대한 결정은 없었다. 수원 집안 문제라서 참견 안 하는 게 그들 조직의 의리란다. 관련해서 나온 대책은, 교회 내 성폭력 방지 특위 설치와 성폭력 피해 접수 창구 마련. 뭐, 그러시라. 성폭력은 성별 위계와 권력의 문제다. '남자만

대장 되는 조직'에 대해 기대할 바란 없다. 다만 자퇴한 사람으로
서 기회 되는 대로 신경질은 내겠다.

최근 일련의 기억투쟁들

 기억에 의존해 개인의 삶을 돌아보는 구술생애사를 업으로 하는 사람으로서, 최근 이어지는 일련의 기억투쟁들은 외람되지만 흥미진진하다. 속절없이 무너지는 정치권력들이 막판에 하는 말과 행태들을 보면서는, 짜릿함과 고소함을 넘어 자괴도 자숙도 하게 된다.

 얼마 전 한 방송사의 앵커 브리핑에서는, 이명박의 자서전 작업 관계자가 말한 '회상성 기억 조작'이라는 용어와 함께 '이명박의 자기 정당화는 거짓으로 꾸며낸 이야기가 아닌 진심에서 우러나온 것일 수 있다'는 설명을 인용했다. 막상막하인 박근혜를 포함해 두 사람이 기억을 조작한다는 것엔 동의하지만, 조작된 기억이 자신에게 진심이 되어버렸을 거라는 말에는 동의하지 않는다. 그들의 농단은 흥할 때든 망할 때든 집요하게 전략적인 대국민 사기다. 절치부심의 남은 재판과 징역살이는 물론 계속 이어질 정치권의 흥망성쇠 속에서, 그들 집단은 언제라도 '역사 바로 세우기' 운운하며 기억과 해석을 조작할 것이다.

안희정 건의 경우, 말 그대로 한 방에 훅 가더라. 그러면서도 정치는 접되 법적 처벌은 결코 안 받겠다는 포지션이다. 카메라 앞에서 얼굴은 자괴와 송구를 전략하되, 차후 재판에서 있을 해석투쟁을 염두에 두어 발언은 '애매'가 전략이다. '합의된 관계'라는 법 해석을 따내기 위해 치밀하고 비열할 기억 조작의 재판 장면들이 자못 궁금하다. 좀 버텨본 정봉주 건의 경우 가장 호기심이 돋는 부분은 '카드 내역을 그가 대체 언제 확인했을까'이다. 만에 하나 피해자를 그 카페에서 만난 기억이 없더라도, 그 막중한 사태에서 가장 먼저 카드가 떠올랐을 것은 자명하다. 그걸 끝까지 숨길 수 있다고 믿고 수차례의 강력한 오리발을 내밀며, 그토록 일관되고 당당한 피해자의 주장을 뒤집을 수 있을 거라고 오판하다니. '10년 만의 정치 복귀'가 그토록 간절했고, 김어준류의 공작 운운하는 썩은 동아줄이라도 우선 잡아보자 싶었나보다.

해석투쟁의 명장면은 '세월호 7시간, 검찰 수사 결과 발표'를 해석하는 한국당 홍지만의 논평으로, 가히 독보적이었다. 원문 중 일부 단어와 문구들만 오려 짜깁기하고 덧칠해서, 원문과 정반대의 해석을 일단 우겨는 보는 창작물의 사례다. '정윤회 씨와의 밀회설, 종교의식 참석설, 프로포폴 투약설, 미용 시술설' 등을 깜빡 까먹었는데, 홍이 기억을 되살려주었다. 죽기 전에 꼭 좀 알고 싶다. 참, "세월호를 불쏘시개 삼아"라는 문구에만은 전적으로 동의한다. 무기력하게 주저앉아 있던 우리를 일으켜준 것은 세월호 희생자들과 그 기억을 가지고 남은 삶을 살아야 하는 유가족들이다. 하여 우리 약속은 "기억하겠습니다"이다. "제발 그 더러운 아가리에 세월호의 '세' 자도 올리지 말라. 역겨움이 비수가 되어 너희들 모가지를 다 따버리기 전에 입 닥쳐라!!!", 예은 아빠 유경근 씨가 페이스북에 올린 글이다.

4·3 항쟁 70주년을 맞아 과거의 정치권력에 대항하는 기억투쟁과 해석투쟁이 활발하다. 조지 오웰의 소설 『1984』의 주인공은, 과거 신문 기사를 수정해 정부의 실책을 삭제하고 기억과 역사를 조작하는 '진리부' 기록국 직원이다. 모진 고문과 죽음에 닥쳐 자기 고유의 기억과 해석이 어떻게 변형되었든, '빅브라더를 타도하라'는 그의 일기장 기록은 지금 우리에게도 여전히 유효하다. 모든 정치권력의 목적은 권력과 지배 체제의 유지이며, 이를 위해 시민의 기억과 해석을 조각내서 원하는 모델로 재조립한다. "과거를 지배하는 자는 미래를 지배하며, 현재를 지배하는 자가 과거를 지배한다."

예수는 세상의 모든 지옥 속에 있다

: 교회에 갇혀 모독당하는 예수

나는 성체조배를 좋아한다. 성당을 다닐 때는 조용한 시간을 택해 본당 안 감실龕室(성체를 보관하는 곳)을 마주하거나, 따로 마련된 성체조배실을 찾곤 했다. 성당을 자퇴한 이후는 지하철 안이나 버스정류장에서, 촛불집회와 태극기집회 사이에서, 분노와 혼돈과 오류의 시간에, 아무것도 할 수 없거나 어느 하나만을 선택해야 할 때, 눈을 감고 내 생각을 털어내며 성체조배를 하곤 한다. 그렇게 정리한 매번의 결단이 예수 뜻인지 내 뜻인지는 모르겠다. 그 결단조차 제대로 감당하지 못하고 비겁한 삶을 이어가고 있다. '서른셋에 죽은 당신은 좋겠소, 죽을 자리를 피하며 육십을 넘기다 보니 갈수록 사는 게 비루하구려' 투덜대면서.

예수의 알맹이는, 모든 모욕과 죽음까지를 수긍하면서 실천한 사랑과 정의다. 옥상 위에서 두들겨 맞고 끌려 나온 노동자들 속에, 대한문 앞에서 밤새 조롱당한 해고자와 조문객들 속에, 원통

함을 참다못해 법망에 걸려 감옥에 갇힌 궁중족발 김우식들 속에, 교회의 단죄와 낙인으로 목을 맨 동성애자와 성전환자들의 쪼그라든 모가지 속에, 굴종하며 산 할매들의 한과 성차별에 맞선 손녀들의 분노 속에, 공중화장실에서 홀로 낙태를 한 여성의 쿵쾅대는 심장 속에, 천주교대구교구가 운영하던 '대구 희망원'에서 근거 없이 죽어나간 장애인들 속에, 이웃 나라 태국 아이들의 전원 구조 소식에 독한 울음이 또 복받치고 마는 세월호 엄마 아빠들 속에, 거론조차 안 되는 세월호 생존자들의 고통 속에, 온갖 남의 일을 쫓아다니느라 가난과 비난을 뒤집어쓰는 활동가들의 허탕 친 투쟁 속에, 썩어가는 교회에 남아 소명을 다해보려는 평신도와 수도자들의 안간힘 속에, 남의 나라 창고와 수용소에서 삶을 잇는 난민들 속에, 세상의 모든 지옥 속에 예수는 있다. 그들과 함께 두들겨 맞고 조롱당하며, 굴종하고 분노하며, 통곡하고 질질 짜며, 목을 매고 불태워지면서, 훼손당하는 모든 생명과 함께 '처음과 같이 이제와 항상 영원히(천주교 영광송 중)' 예수는 훼손당하고 있다. 이것이 예수이고, 이를 외면한 모든 신비는 껍데기다.

껍데기만 챙겨 천상을 웅얼대는 전례와 교회법에 예수를 가두고, '지극한 정성으로 받아 모시고 최상의 흠숭으로 경배하며 최고의 존경을 드리'(소위 '성체 훼손' 건에 대한 한국천주교주교회의 입장문 중, 2018년 7월 11일)는 행태야말로 예수 모독이고 성체 모독이다.

성체의 핵심은 밥이다. 평등과 정의에 굶주린 이들에게 먹혀, 힘이 되고 똥이 되는 것이 성체다. '내가 너희의 밥이 된 것처럼, 너희도 이웃의 밥이 되라'가 '최후의 만찬'의 핵심이다. 핵심은 빼고 '지극하고 최상이고 최고'라는 전례를 덮어씌운 채, 그 전례 주관조차 2000년 전 기록을 근거로 '남자만, 영원히'(2016년 11월 프란치스코 교황의 발언, 2018년 7월 안봉환 주교회의 홍보국장 신부의 복창) 해야겠다고 21세기에도 우기는 퇴행이야말로, '이루 헤아릴 수 없는 엄청나고 심각한 충격'(위 주교회의 입장문 중)이다. 하여 천주교의 여성 억압에 분노한 여성의 행위에 대해 '성체 훼손' 어쩌구 하며 그 남자들이 보이는 작금의 호들갑은 가관이다.

연관된 질문 하나. 한만삼은 어찌 되셨나? 피해자와 세상에서 빼돌려준 형들 앞에서만 회개라는 걸 하고, 그 형들이 준 성체를 받아 잡숴서, 형들의 하느님에게 용서라는 것까지 받아내셨나? 까짓것 엎어진 김에 '여자들과 더불어 몸을 더럽히'(묵시록 14:4)려고 늦게나마 껍데기 하나는 벗으셨나?

가슴에 올라타 망치로 내리찍어

장면 하나.

6월 7일 오전 8시 20분경 서울 강남구의 한 골목길에서 영세 자영업자 김우식이 건물주 이일규를 쫓아가 붙잡고 망치로 내리치려는 모습으로 끝난 뉴스 동영상은, 자본주의 세상 대한민국의 2018년 현실을 적나라하게 드러내는, 사회사에 길이 남을 일이다. 건물주의 주장대로라면 세입자는 넘어진 건물주의 '가슴에 올라타 망치로 내리찍'으려 했다는 건데, 그 장면이라면 더 적나라한 컷일 뻔했다. '아무리 그래도 폭력은 안 된다'느니 하는 교양 떨기는 덜 억울한 사람들의 말질이다.

건물주의 페북질.

건물주 이일규는 2016년에 38억 원을 대출 내서 45억짜리 궁중족발이 들어선 건물을 샀고, 70억에 매물로 내놓았단다. 임차상인을 28번 내쫓고 28번 건물을 팔며, 시세차익으로 부자가 된 인물이란다. 그가 얼마나 더 혹은 덜 가진 놈인지, 더 혹은 덜 나쁜 놈인지를 따지는 것은 부질없는 짓이다. 그가 페이스북에 '전체 공개'로 올린 글을, 핵심 단어는 놔두고 다듬어 편집했다. 맞춤법과 띄어쓰기와 편집을 하느라 건물주 말글의 싱싱한 맛깔이 많이 줄었다. "몇 초 차이로 살았다. 살인미수자의 거대한 몸이 가슴에 올라타 망치로 나를 내려찍으려 했는데, 그걸 뒤집었고 신고했다! 쓰레기들이 탄원서 내서 그를 선처하라는데, 이 인간들은 인간이기를 포기한 그저 악마들이다. 가난이 정의라고 사기 치는, 악마일 뿐이다. 그런 진상하고 상생하라고 개지랄 떠는 또라이들이 있는데, 이런 날무식한 애들이 목사가 되니 이 나라 기독교가 역사상 가장 왜곡된 한국 기독교를 만들지 않았을까? 자생 빨갱이 새끼들, 무섭다! 궁중족발 근처의 또라이들을 청소해주고 있다. 시세차익 다다익선!! 나는 합법적이다. 건물 산 지 2년 만에야 겨우 명도 집행했네!! 이 나라는 이미 법치가 불가능한 야만국이 되었다! 이게 나라냐? 양아치 나라에서는 악화가 양화를 구축한다. 양아치들이 경제까지 말아먹기 전에 떠야지." 돈과 합법 운운 말고는 어떤 고민도 폼 잡기도 교양 나부랭이도 없이 깔끔하다. 저 사진 밑에 해설로 붙여놓기에 딱 좋은 글이어서, 아주 땡큐다.

상상 하나.

언론들이 그 뉴스를 내보낸 날, 내 어쭙잖은 분노를 페북에 싸질렀다. "내가 그였다면 정말 죽여버리고 싶었을 거고, 차라리 죽여버렸다면 덜 억울했을 거다. 그런 놈의 새끼, 대가리를 피가 낭자하도록 망치로 깨버리고 싶고, 목 줄기든 가슴이든 칼로 찔러버리고 싶다. 법을 빙자해 소유와 권력을 확장하면서 빼앗긴 사람들을 멸시까지 하는 이일규들. 모멸과 좌절감으로 인한 소위 '폭력'으로 특수상해 및 살인미수라는 법망에 걸려들어 갇힌 채, 마저다 빼앗겨야 하는 김우식들." 아무리 말초적인 분노라 해도 그 살의는 스스로도 낯설었는데, 게다가 빗나가기까지 했다. 김우식이든 나든, 모든 것을 각오하고 그런 놈 하나 죽인다고 세상이 달라질 리도 없고 속이 편할 리도 없다. 자본주의 세상에서는 누구든 둘 중 어느 한쪽으로 내몰리는 거다. 죽일 놈과 걸려든 사람.

제언 하나.

문 대통령, 잘하려고 하는 거 같은데, 제일 못 하는 건 민생이고 노동이다. 다른 폼 줄이고 시민들 살림살이 좀 돌봐라. 파란 지옥이 이전 지옥들보다는 좀 낫다는 걸 증명해라. 어차피 자본주의지만.

사회 문제를 윤리나 인격의 차원으로 가져가면 그 구조와 본질을 벗어나기 쉽다. 우리가 '자본주의는 비인간적인 시스템이다'라고 말할 때, 그건 '탐욕스러운' '갑질 폭력' 따위로 표현되는 자본주의의 룰조차 지키지 않는 부류뿐 아니라 자본주의 자체를 두고 하는 말이다. 자본가가 다 탐욕스럽고 난폭한 사람인 것은 아니다. 노동자가 다 선량하고 인간적인 사람은 아니듯 말이다. 그러나 자본가는 제 인격과 무관하게 무한 이윤과 성장 추구라는 자본의 속성을 따를 수밖에 없다. 그렇지 않으면 경쟁에서 뒤처지고 파산 위협에 직면한다. 자본가는 '인격화한 자본' 그 이상도 이하도 아니다. 과도한 이윤 추구는 자본가의 지극히 정상적인 행동이며, 그 주요한 기반은 노동자로부터 잉여가치 착취다. (여기서 '착취'는 감정적인 단어가 아니다. 노동자가 자본가로부터 착취당한다는 말은 노동자가 임금을 받고 자신을 위해서뿐 아니라 자본가를 위해서도 노동하는 것을 말한다. 그렇지 않다면 자본가가 뭐하러 노동자를 고용하겠는가?) 주류 미디어는 종종 이윤과 성장을 추구하면서도 인간미를 가진 자본가를 내세운다. 그는 착취에 감정까지 동원하는 좀더 교활한 자본가라 할 수 있다. 앞서 말한 자본주의의 룰조차 지키지 않는 부류는 착취를 넘어 약탈을 자행하는 자본가다. 약탈에 분노하는 건 당연하지만 문제의 본질은 착취, 즉 자본주의의 정상성에 있음을 잊을 필요는 없다.

4부 사적이고 정치적인 늙음과 죽음

그래 갱년기야, 내 몸 안에서 놀아라

2008년 4월 총선을 앞둔 두어 달 전부터 몸에 갑작스러운 이상 증상들이 생겼다. 전에 없이 피로감이 일찍 왔고, 수년 전 한바탕 항생제를 먹어 털어낸 방광염이 재발했으며, 말하는 도중 갑자기 목소리가 쉬어버리는 것이었다. 의대를 나온 30대 여성 후배는 과도한 섹스 탓이라고 놀리기도 했다. 사실은 새로운 연애 초기여서 과도한 섹스 중이었고, 그래서 그런가 싶기도 했다. 그 몇 해 전의 과도한 섹스 때는 없었던 증상이지만, 나이 탓까지 겹치면 그럴 수도 있겠다 싶었다. '쉰' 자가 붙고 안 붙고는 다른 거려니 했던 것이다. 다만 후보로 뛸 선거를 코앞에 둔 시기여서 남들에게 드러내진 않았지만, 내심으로는 몸 상태가 좀 염려되었다. 더구나 후보는 마이크에 해당되는 사람인데 목소리가 쉽게 쉬어버리는 증상은 심각한 문제였다.

방광염 통증 때문에 동네의 오래된 가정 의원을 찾았다. 일흔은

족히 넘은 남자 의사는 얘길 듣더니 갱년기 증상이라고 진단했다. 듣는 순간 '아차, 그거다' 싶었다. 한편 쉰을 넘기고 오는 몸의 이상에 갱년기를 떠올리지 못한 내 무심함이 재미있었다. 나이 따라 오는 증상이야 오는 대로 겪고 필요한 응대를 하면 된다. 방광염만 다시 떨쳐냈을 뿐 나머지 증상은 데리고 선거를 준비했다.

선거활동을 함께 하던 연령상 후배인 친구들에게는 일부러 신나는 표정으로 "나 갱년기래~ 너넨 이런 거 없지?" 하며 티 나게 알렸다. 나이 든 후보의 몸에 대해 젊은 친구들이 이해해주기를 바라는 마음이기도 했고, '갱년기' 혹은 '폐경기'라는 용어로 대표되는 여성의 몸과 나이듦에 대해 젊은 친구들과 공론화하고 싶은 마음에서였다. 선거 와중에 갱년기를 공론화하기는 어려웠지만, 모두 이미 여성주의적 마인드가 잘 갖춰진 친구들이었다. 약초를 잘 만난 건지 내 몸이 워낙 그런 건지 비교적 수월하게 지나갔다. 주변 친구가 캐다준 당귀 뿌리를 물에 끓여 노상 마신 게 효험을 봤다고 여겨진다.

2010년 초인 지금도 증상 중 일부는 여전히 내 몸 안에서 놀고 있다. 월경은 아마 거의 끝난 듯하고(오호, 편해라!), 시도 때도 없는 발열 증상(이로 인해 감기가 들락날락)과 질 내 건조 증상 등이 현재진행형이다. 정말 다행인 점은, 내 섹스의 핵심은 질이 아니라 클리토리스라는 것이다. 어떤 사람들은 호르몬 요법을 권하기도 하지만 딱히 그럴 필요를 못 느낀다. 증상이 그리 심하지도 않고 호르몬이니 병원이니를 별로 좋아하지 않는 나로서는 그저 그대로 놔두고 있다. 내가 모르는 몸 안의 다른 증상들이야 갱년기가 알아서 하려니 싶다.

"그래 갱년기야, 니가 알아서 내 몸 안에서 놀아라~"라는 정도.

'갱년기'는 매우 정치적인 단어다. 낱말 뜻을 다음 포털에서 검색해보니 "인체가 성숙기에서 노년기로 접어드는 시기"로 되어 있다. 문자 그대로의 설명에 동의한다.

하지만 다른 설명들을 보면 구태여 여성에게만 해당되는 용어로 사용되거나, 장해, 우울증, 울병, 여성 문제 등의 용어와 붙어다니면서 마치 성적 존재로서의 여성이 끝난다는 의미로 쓰인다. 이를 확장하면 남성 중심의 성 이데올로기 안에서 한 여성이 인간으로서의 존재 가치가 끝나는 시기라는 의미다. 사실 갱년기는 남성들에게도 오는 증상이다. 성적 욕망과 활력, 피로감과 시력 저하 등의 증상은 오히려 남성에게 더 깊게 오고 신체적·심리적 부담과 충격도 상대적으로 크다. 부담과 충격이 더 큰 이유는 증상에 대해 주변 사람들과 편하게 이야기를 나누지 못해서다. 여자들의 경우, 주로 부정적 표현이기는 하지만, 갱년기에 관한 말 말 말들이 돌아다니고 있다. 그러니 피할 수 없는 것에 대한 심적 준비가 미리 되어 있기 마련이다.

‘폐경기’라는 용어가 문제적이라고들 한다. 물론 ‘완경기’는 여성의 나이듦을 긍정적으로 설명하는 좋은 용어다. 하지만 나는 ‘폐경기’라는 용어가 부정적이라고 생각하지 않는다. 닫히거나 끝나는 것은 단지 현상으로, 그 자체는 부정도 긍정도 담고 있지 않다. 닫힘과 끝을 부정적으로 보는 시선 자체가 정상 이데올로기에 갇혀 있다는 생각이다. 늙음과 죽음은 당연히 오는 것이며, 오는 김에 잘 겪어 좋은 것을 추려내면 된다.

폐경기는 포털 사이트의 설명처럼 “여성의 일생에서 월경이 중단되어 더 이상 생식을 할 수 없게 되는 시기”일 뿐이다. 물론 ‘하지 않게 되는’이 아닌 ‘할 수 없게 되는’이라는 부정적 함의의 설명은 올바르지 않다. 게다가 많은 여성은 생식 중지 이전에 생식 능력 자체를 애물단지로 여긴다. 이성애자 여성들이 섹스 자체를 마음 놓고 즐기지 못하는 중요한 이유 중 하나가 ‘생식 가능성’이다. 월경 또한 반가워하지 않거나 심지어 쓸모까지 없는(평생 임신할 의사가 없는) 정기적 통증으로 여기기도 한다. 많은 여성은 완경기 전에 이미 생식을 끝내거나 피하는 인위적인 시술(복강경 시술이나 여타의 피임술 등)을 한다. 게다가 현대인의 생활 주기로 볼 때 필요 이상으로 길게 이어지는 ‘생식 가능성’과 월경으로 인해 개인적·사회적으로 많은 불이익과 피해를 겪고 있다.

물론 완경으로 인한 몸의 생리적 변화들이 혹 병리적 증상으로

까지 이어져 치료를 요하기도 하지만 이는 증상에 따라 적절한 조처를 할 일이다. 완경과 갱년기 증상이 한 여성이나 인간의 존재 가치 자체를 운운하게 할 일은 결코 아니다. 생식을 중심으로 여성의 존재 가치를 판단하려는 잘못된 모성 이데올로기는, 여성들로 하여금 이런 몸의 변화에 대해 우울증을 비롯해 줄줄이 이어지는 여러 정서적·정신적 증상까지 겪게 하고 있다.

폐경기 증상에 대한 다음 포털 사전의 설명은 비교적 적절하다.

"폐경기의 특징적인 증상인 조홍潮紅이 나타난다. 조홍은 종종 폐경기 전에 나타나 몇 개월 또는 2~3년간 지속될 수도 있다. 조홍은 간혹 열감熱感, 얼굴과 몸이 붉어짐, 따끔거리는 느낌, 발한發汗 등의 증상과 함께 나타나기도 하는데 하루에도 수차례 나타날 수 있다. 다른 증상들로 신경과민·두통·현기증 등이 있는데 이는 근본적으로 늙는 것에 대한 두려움이나 생활 유형 및 가족관계가 변하는 데 대한 심리적인 요인 때문에 생긴다고 볼 수 있다. 체중 증가는 음식 섭취량이 늘어나고 신체활동이 줄어들어 생기는 것일 수도 있다. 폐경에 대한 의학적인 관리에는 두려움이나 불안을 줄이는 교육, 또는 정기적인 신체 검진이 있고 에스트로겐 계통의 호르몬을 투여하기도 한다."

사실 질이 건조해진다거나 생리가 끝나는 것 자체가 여성의 성생활에 많은 문제를 일으키는 것은 아니다. 여성에 따라 다르겠지만 증상에 따른 적절한 조치를 취하면 된다. 요즘은 좋은 윤활제도 많아, 남녀 모두 애용하고 있다. 클리토리스고 질이고 간에 쾌감이 좀 떨어지면, 떨어지는 대로 즐기며 다른 즐거움을 찾아내면 된다. 오히려 현상 자체에 대한 부정적인 정보와 인식과 태도가 문제다.

질은 생식기에 해당되며 오히려 여성의 성기는 클리토리스라고 확신하고(많은 여성과 남성들에게도 기회 있을 때마다 강조하고 있다) 실제로 클리토리스를 통한 섹스를 주로 즐기는 나로서는, 질 내 건조가 거의 문제 되지 않는다. 혹 상대와 질을 통한 섹스를 즐기고 싶다면 건조 증상을 보완해줄 좋은 윤활제는 얼마든지 있다.

11회 서울국제여성영화제(2009)에서 노년기 여성들의 성적 욕망에 관한 명백히 다른 시각과 목소리를 담은 영화 한 편이 상영된 적이 있다. 「여전히 사랑하고 있습니다Still Doing It: The Intimate Lives of Women Over」(데이드레 피셸 감독, 2004)라는 이 다큐는 65~80대 여성들이 오히려 젊은 시절보다 더 적극적으로 섹스를 즐기고 더 깊은 쾌감을 느끼며 욕망하는 모습들을 해당 여성들의 목소리와 표정과 삶을 통해 보여준다. 그들의 파트너는 또래의 남성이거나 40세 연하의 남성이거나 여성들이었고, 혹은 당분간 혼자서 자위를 즐기는 여성도 있다. 나 역시 아직 그 나이가 되지 않아 그녀들을 다 이해한다고 말하긴 어렵지만 여성의 나이듦에 관한 고정된 이데올로기를 쨍그랑 깨뜨려주는 영화여서 유쾌 통쾌하게 봤다. 물론 보면서 자연스럽게 쏠려오는 꼴림 현상(클리토리스의 통증과 쾌증) 또한 당연한 것이었고, 하여 어두컴컴한 영화관 안에서 남몰래 애인과 문자질을 해댔다.

(2018년 9월 14일의 메모. 작년에 환갑이었다. 저 글 이후로 차차 늙어갔고, 몸의 건강은 나이에 비해 비교적 괜찮다고 생각하며, 마음과 시선은 다행히 점점 단출해진다는 느낌이다. 몸과 두뇌가 차차 느려지고 있어, 다른 일상과 관심과 욕망을 줄이며 최대한 글쓰기에 집중하고 있다. 아흔 안팎의 부모님 거처 근처로 이사 와서 늙음과 죽음을 밀착해 관찰하고 있다.)

"너희끼리 잘 살고 우린 내버려둬"

다른 죽음들 말고, 늙어 죽음에 대한 이야기다. 여든 근처의 노인들을 위한 돌봄노동 현장에서 죽음은 흔한 이야깃거리다. "죽어야 되는데." "다 죽는데 뭐가 무서워?" "치매랑 중풍이 겁나지, 죽는 거는 하나도 겁 안 나." "딱 3일만 아프고 죽으면 젤로 큰 복이지." "제발 좀 부탁이니 살리지 좀 말라 그래."

김 할머니의 새벽기도는 늘 "하느님, 왜 지난밤에도 나를 안 데려가셨나요?"란다. 세 가지 암을 거쳤던 옥탑방 독거노인 이 할아버지는 "이병철 죽는 거도 봤고, 이건희도 죽었대나 어쨌대나 하는데, 나 죽는 게 뭐가 억울해?" 하며 웃더니, 세 번째 암 수술도 공짜로 받고 곧 죽었다. 위암 말기인 33킬로그램의 황 할머니는 "어떻게 해야 죽나?"가 입에 붙었고, 그 "어떻게 해야"에 답이라도 하듯 김 할아버지는 간단하게 죽음을 집어먹었다.

"별일 없어." "걱정해봐야 소용없어." "보이고 싶지 않아." "너희끼리 잘 살고 우린 내버려둬." 프랑스 상위계층 늙은 부부의 죽어 가는 과정을 담은 영화 「아무르」(미하엘 하네케 감독)에서 먼저 죽어가는 아내를 돌보는 남편이 자식들과의 통화나 대화에서 하는 말이다. 소외든 외로움이든 이왕 닥친 김에 그 속에서 자유와 자존을 발라낸다.

　사적 관계만 넘어서면 늙어 죽음은 감사하고 필수적인 일이다. 죽음 근처의 갖은 불평등에도 불구하고 모두 죽는다는 면에서 공평하기까지 하다. 죽음에 바짝 다가간 노인들은 말이 없다. 산 자들만 쑥덕대는 죽음에 관한 소문은 믿을 게 못 된다. 무섭다느니 외롭다느니 슬프다느니 모두 산 자들의 느낌이다. 늙어 죽음은 거듭되는 소멸과 해체, 노쇠와 병증과 통증들과 느려짐과 불가능해짐에 이어 오는 것이어서, 마침내 죽음에 닿음을 마음으로 치하하게 된다. 하물며 심히 고통스러운 생애였다면 더더욱, 죽음은 보는 이에게도 위안이자 희망이다. 지난 한 달 새에 이십대 초반의 성전환자 여성과, 쌍용차 해고 노동자와, 국회의원 노회찬이 스스로 명을 끊었다. 잠자리에 눕고 일어서며 '안 깨어날 수 있다'와 '깨어났구나'를 자주 떠올린다. 자발적 죽음을 작심하고 있지만, 죽음이 먼저 내게 부딪혀온다면 그 또한 땡큐다. 머지않은 장차에 죽음을 떠올려놓고 사느라 욕망과 일상은 점점 단출해진다. 외람되지만 내 뜻대로 살았다는 느낌이어서, 버킷리스트bucket list 따위도 있을

리 없다.

한편, 죽기 직전까지는 인구人口다. 먹고 말할 입을 가진 사람들의 문제여서, 정치다. 가족의 어떠함과 상관없이 고독사는 다반사다. 고령화로 인한 배우자의 죽음, 중년의 이혼, 청년의 결혼 안 함 등으로 1인 가구는 급증하고 있다. 변두리에서 중심까지, 가족주의는 성큼성큼 허물어지고 있다. 복지를 여전히 가족에게 떠넘기는 한, 빈곤 가구한테 가족은 갈수록 덫이다.

2017년 8월 2일자 『가디언』은 '한국의 불평등 모순: 장수, 좋은 건강 그리고 빈곤' 제목의 기사에서, 기대수명도 세계 최고이면서 노인빈곤율과 노인자살률도 최고 수준인 "특이하고 명백한 모순"의 한국을 다루고 있다. 복지 없는 장수는 이미 개인에게도 국가에도 재앙이다. 2017년 8월 9일에 발표한 '문재인 케어'의 건강보험 보장성 강화 대책이 빈곤 노인들의 생애 마지막 궁지를 더 길고 깊게 하지나 않을지 염려된다. 원인에 대한 대책은 없이 일단 자살과 고독사는 막으라는 독거노인 복지 현장의 최우선 업무 지시 '안전 확인'은, 산 자들의 낯이나 세우자는 것이다.

8월 2일자 『마이니치신문』은, 초고령사회 일본에서 빈곤 노인들의 해부용 시신 기증이 포화 상태라고 보도했다. 한국의 많은 빈곤 독거노인들 역시 '대학병원 시신 기증'을 서로 이익인 시신 처리로 여긴다. 모두가 죽는다는 것만 공평하지, 인구人口 너머까지도 계급 차별은 이어지고 있다. 오로지 사적인 죽음은, 이후까지도 여전히 정치다.

복귀 불가능한 하강

2018년 1월 1일 엄마가 내려갔다. 정확하게는 엄마를 내려보냈다. 같은 실버타운 2층이고 자식들 걸음으로 1분도 안 되는 거리다. 그럼에도 개인 주거공간에서 24시간 공동 돌봄을 받는 '케어홈'으로 옮긴 것은 복귀 불가능한 하강이다.

2017년 12월 몇 건의 하강 조짐이 이어졌다. 엄마는 아버지와 함께 식당에 가다 주저앉으며 넘어졌고, 이후 감기에 걸려 식사를 마다했다. 사위가 병원에 동행했고, 자식들은 수시로 방문했다. 12월 31일 낮, 식당을 가다 다시 넘어졌다. 얼굴에 타박상을 입고, 말도 더 어눌해졌다. 왼쪽 다리에 힘을 주지 못해 식사는 방으로 배달되었고, 방에 있는 화장실도 가지 못했다. 새해 첫날, 20여 명의 자손들이 모였다. 첫눈에 케어홈 입주 단계임이 명확했다. 자식들, 남편과 요양보호사 간에 논의가 진퇴를 거듭했다. 그 진퇴마다 실버타운 직원은 가격을 핵심으로 한 깔끔한 답을 내놓았다.

예민해져 있는 데다 귀까지 잡순 아버지에게 아들은 위태롭고 적확한 단어를 골라가며 매직펜으로 세세한 필담을 했다. '죽음'이라는 단어를 아버지에게 처음으로 사용했다. 응, 그래, 알겠다. 엄마의 케어홈 입주를 미루던 아버지도 이번엔 수긍했다. "어쨌든 병원은 절대 안 된다"는 것을 마지노선으로, 엄마가 좋다고 하면 그러라고 했다.

엄마가 좋다고 할 리 없고, 아버지가 그걸 모를 리 없다. 86세의 인지장애증 아내를 수시로 챙기며 나름 돌봄의 몫을 하던 90세의 남편. 아내 나이 여든 언저리까지 이어진 갈등관계를 넘어, 4~5년의 오묘한 애착관계를 지나, 이제 분리 단계로 들어가는 것이다. 직원에게 '지금 일단 케어홈 입주'를 알렸다. 이중 부담에도 개인 공간 사용권과 명패를 당분간 유지하며 케어홈에 가기로 한 것은 "임시"라는 핑계가 두 분의 마음에 유효해서다. 5년 전 실버타운 입주부터 지금까지 모두, 상당히 돈의 덕이다. 많은 빈곤한 노인에겐 신속한 절차가 가차 없이 진행된다.

'케어홈'이라는 소리를 듣자 "내 방 보증금이 얼마냐?"며 순간 말짱해지던 엄마는 "싫어"를 반복했고, 그 자리에 아버지는 없었다. 딸의 우회적 설명에 넘어간 엄마는 "며칠만이지?" "이 방에 다시 오는 거지?" 하고 물었고, 자식들은 수락으로 해석했다. 그 애매한 수락조차 혜까닥 취소를 했는데, 딸은 구경이라도 해보자며

달랬다. 그렇게 나온 자기 방으로 엄마는 돌아가지 못했다. 케어홈 현관에서 버티는 엄마를, 딸은 남들 몰래 손과 팔에 힘을 주어 밀어넣었다. 먼저 둘러보고 나간 아버지는 나타나지 않았다. 아들은 "어쨌든 엄마를 혼자 두고 나갈 자신이 없다"며 울먹였고, 딸은 "그건 내가 할 테니 다들 적당한 때에 먼저 나가라"고 했다.

5시 5분. 다행히 곧 식사 시간이다. 자꾸 현관문 쪽을 돌아보는 엄마. 시선을 막으며 엄마와 현관문 사이에 앉은 딸은 엄마가 좋아하는 가곡 '내 고향 남쪽 바다'를 불렀고, 엄마는 금세 따라 부르며 늘 그랬듯 젊어서 죽은 자신의 오빠 이야기로 넘어갔다. 상태가 고만고만한 할머니들이 차례로 둘러앉았고, 딸은 '닭띠 엄마에 닭띠 딸인' 우리 이야기로 신입 인사를 대신했다. 할머니들의 이야기가 띠에서 태몽으로 건너가자, 딸은 슬쩍 또래 할머니들이 애창하는 일본 노래를 청했다. 이런 날 태몽은 위험한 주제다. 노래가 합창되는 동안 저녁 식사가 차려졌고, 딸은 상차림을 돕는 척 일어나 직원에게 "이만 가볼게요. 잘 부탁드려요"를 속삭이며 나왔다. 지난 일주일 우여곡절이 이어졌고, 오늘 아버지는 오후 5시에 자식들을 다시 소집했다.

나이듦에 대한 두려움은 소문일 뿐이다

'내 쉰은 이렇구나' '내 예순은 이렇구나' 하며 차곡차곡 나이를 먹어가고 있다. 예습도 복습도 없는 한 번뿐인 생. 그 중간 어디이자 반복되지 않을 내 62세를, 살며 느끼며 걸어가고 있다. 삶이 이어진다면 일흔도 여든도 그러할 것이다. 내 생애의 다른 시기와 비교 불가능하며, 다른 인생들과는 더더구나 저울질할 일이 아니다. 일반적이니 보편적이니 하는 말들은 믿지 않은 지 오래다. '너도 나이 들면 다 똑같아진다'는 말은 이제까지 살아본 바로는 협박에 불과하더라.

피할 수 없고 누구에게나 오는 '나이듦'에 대해 불호不好를 논할 일이 아니다. 피할 수 없으면 최대한 즐기든가, 그게 안 되면 오는 대로 겪으며 견딜 일이다. 어차피 미래란 불확실한 것. 온갖 변수를 끄집어내 불안해하며 종종대봤자 삶만 어수선해진다. 몇 가지 대비책이 쓰잘 데 없다고야 할 수는 없지만, 내게 가장 중요한 대비는 마음가짐을 확고히 하는 것이다.

'나는 무엇으로 행복한가?'를 명확히 해 그 행복을 추구하며 살고 있으면 된다. '자급하며 소신을 품고 실천을 나누는 삶'이 예나 지금이나 나를 궁극적으로 행복하게 하더라. 소박한 일상과 자존감을 다치지 않을 만큼의 물질이, 그 자체로도 단출하고 소신과 실천에도 도움이 되더라. 지금처럼 살고 있으면 나이는 오는 대로 먹어질 테고, 그에 따라 늙음과 질병과 장애도 따라와서 나를 이룰 것이다. 그 끝에 죽음이 오거나 잡을 테고, 그다음은 이승의 일이 아니다. 죽음 이후는 차치하고, 이승의 남은 삶도 궁금하지 않다. 오는 대로 최선을 다할 작정만 한다.

미래란 과거의 연장이며, 차곡차곡 온다. 나이듦도 질병도 어느 날 갑자기 닥치는 것이 아니다. 장애와 죽음은 갑자기 닥치기도 하지만 '내 차례려니' 할 일이다. 친구들이 먼저 만난 장애를 나는 뒤늦게야 만나는 것뿐이며, 62세의 죽음은 이미 요절도 아니다. 죽음의 순간 혹여 의식이 있다면, 스스로 '그럭저럭 잘 살았구나' 싶으면 족하다. 죽음을 의식하지 못한 채 급사한다면 더없는 복이어서 또한 족하다. 혹시 먼저 정신을 놓쳐버렸을 때를 대비해, 연명치료 거부의 공적 절차를 시간을 내서 해두어야겠다. 몸과 정신이 자존을 다하여 '여기까지다' 싶을 때 스스로 문을 열고 죽음으로 들어가는 사람들, 산속이나 바다 속 생명들에게 꺼져가는 몸을 보시하는 사람들. 죽음의 방식 또한 각자의 몫이기도 하다.

황망하고 기막힌 죽음들이 널려 있는 요즈음, 함께 살던 사람들의 보살핌 속에 서서히 죽음에 닿아가는 제주도의 늙은 진돗개 '별'의 모습은 내게 큰 위안이 되고 있다. '일주일만 더 같이 있어주었으면 좋겠다'는 아빠(내 페이스북 친구)의 마음을 아는지, 목만 겨우 축이며 가끔 눈을 떠주면서 마지막 사랑을 나누고 있다. 다음 주에는 별이 평안히 죽음에 닿기를…….

'모든 나이는 살아볼 만하더라'는 것이 예순에서 2년 더 지난 나의 생각이다. 나이가 들면서 체력과 기억력은 줄어드는 대신 통찰력과 관계 맺기가 한결 나아진 느낌이다. 노안과 관절염 등 퇴행성 증상들이 시작되니, 눈과 관절 연골을 아끼며 눈 운동과 근육 운동을 일상에서 수시로 한다. 호기심과 욕망은 여전하고, 늘 그랬듯 무엇을 선택할지가 과제다. 체력과 정신력의 조건이 달라지고 살아갈 날이 짧아지면서 선택의 방향이 달라지기도 한다. 예를 들면 담론에 관한 공부를 상당히 줄였다. 이미 머릿속에 있는 담론들만으로도 내가 만나고자 하는 사람들과 나누기에는 부족함이 별로 없다. 새롭거나 미처 모르는 담론이 있다면, 젊은 사람이나 연구 활동가들에게 기댈 생각이다. 꺼내 쓸 시간이 줄어드는 마당에 집어넣는 일에 시간 쓸 일이 아니라는 생각에서다. 유난히 재미난 일이라면 몰라도.

'나이듦'을 불호不好를 넘어 두려워하고들 있다. 두려움의 뒷면은 혐오다. 대체로 두려움과 혐오의 대상은 '낯섦'이지만, 나이듦은 널려 있으니 낯설 것도 없다. 나이듦에 대한 두려움은 실체 없이 흉흉하게 떠도는 소문이다. 소문의 발원지는 자본주의다. 효율성과 정상성과 미모와 강함과 물량 등에 관한 편향되고 조작된 이데올로기다. 나이듦과 죽음은, 호불호好不好의 여지를 떠난 시간에 관한 이야기일 뿐이다. 시작도 끝도 없는 시간과 그 일부인 나이듦과 죽음에 대해 두려워하는 것은 소문에 속는 일이다.

두려워하든 맞서든, 상대를 분명히 하자. 상대의 실체는 젊어서나 늙어서나 널려 있는 빈곤과 소외, 그리고 불평등하거나 과잉된 의료다. 여전히 자본주의의 문제이며, 그에 대한 각자의 태도의 문제다. 흉흉한 소문에 겁이 나 적敵과 아我를 혼동해버리면, 제대로 싸워보지도 못하고 오지도 않은 귀신에 뒷덜미를 잡혀 우물에 빠져버린다. 게다가 노년은 막장이어서 싸우다 죽기에도 좋은 시절이다.

나혜석과 권하자와 김○○

"사람은 저항함으로써만 자신을 확정해나간다. 시시한 물건 따위에 만족하지 말고 스스로의 사상과 행동을 결정하는 주인이 되라"고 말한 리영희는, 정신적·육체적 기능 저하로 절필을 선언한 지 4년 만인 2010년 81세의 나이로 죽었다. "모든 권리를 박탈당하고 매일 정면으로 모욕당했던 나치 시절이 가장 올바른 사고를 할 수 있어 가장 자유로웠다"고 말한 사르트르는 95세의 나이로 1980년에 죽었다. 위대한 사상가이자 스승이라고들 한다.

"내 몸이 불꽃으로 타올라 한 줌 재가 될지언정, 언젠가 먼 훗날 나의 피와 외침이 이 땅에 뿌려져, 우리 후손 여성들은 좀더 인간다운 삶을 살면서 내 이름을 기억할 것"이라고 말한 나혜석은, 행려병자로 길거리에서 발견되어 시립자제원에서 63세의 나이로 1949년에 죽었다. 그녀의 신분에 대한 마지막 기록은 "신원미상 무연고자 영양실조 실어증 중풍"이었다. '내 방식대로 남은 삶을 살겠다'던 '맥도널드 할머니' 권하자는 암이 복막까지 퍼져 행려병자들을 위한 병원에서 73세의 나이로 2013년에 죽어 화장되었다. 마포구의 여성 독거노인이자 와병 환자인 김○○(88세)은 봉사자가 '던져놓고 가는' 행복도시락을 냉동실에 얼리고 있다. "기어서라도 쫓아가 던져주고 죽으란다"던 그녀는 혼자 살아 좋단다. 불행한 말년이라고들 한다. '고독사'에 대한 낙인도 '존엄사'니 하는 호들갑도 뒤집어 볼 일이다.

타인에게서 무엇을 보는가는 자신의 문제다. 리영희와 사르트

르에게서 저항과 자유를 보는 눈으로, 나혜석과 권하자와 김○○에게서 외로워서 더 처절한 저항과 자유를 본다. 그 눈으로 나를 본다.

　나이듦과 죽음이든 빈곤과 질병과 소외든, 두려울 때 자신의 정체를 직시할 일이다. 내가 누구인지가 보여야 무엇을 할지가 보인다. 모든 두려움은 소문일 뿐이다.

자기가 뭐라고 울분에 서러움까지

설 연휴 전날 아들이라는 사람으로부터 며칠 전 그가 죽었다는 문자를 받았다. 그의 휴대전화에 내 연락처가 들어 있었던 거다. 생각보다 빠른 죽음이다. 2015년 3월 독거노인 생활관리사들의 담당 지역이 교체되면서 받은 명단에 그가 있었다. 자기 소유의 40평대 아파트에 사는, 성질이 아주 까탈스러운 76세의 남성 독거노인. 연락처는 집 전화밖에 없었다. 전임자도 사무국도 미리 주의를 주었다. 주 2회 '간접 확인(안부 전화)'은 한 번만 하고, 주 1회 '직접 확인(방문)'은 아예 안 해도 된단다. 핵심은, 안부 확인은 하되 기분을 상하게 하지 말라는 것이었다. 툭하면 구청에 민원을 넣는단다. 막상 해보니 주 1회의 통화조차 쉬운 일이 아니었다. 통화 전후로 심장을 쓸어주어야 했다.

"안 죽었어요!" "왜 또 잠을 깨워요?" "이렇게 해서 대체 한 달에 얼마나 벌어요?" 같은 반응도 그렇지만, 비하와 경멸을 잔뜩 묻혀 "에"만 서너 번 연발하다 끊는 반응 역시 기분을 더럽게 했다. 그는 귀찮겠지만 안 죽은 걸 확인은 해야 하니, 안 받는 날은 여러 번 전화했다. 이런 노인을 서비스 대상자에서 빼버리는 건 간단하지만, 문제는 독거노인 복지의 가장 우선적 업무인 '고독사와 자살 예방'에서 이런 노인이 가장 고위험군이라는 것이다. 젊어서 그럭저럭 잘나갔고 지금도 가질 만큼 가진 데다, 복지를 동정으로 여겨 기분 나빠 하며, 다른 사회관계도 거의 없는 자발적 소외형의 남성 독거노인.

2016년 11월에 있었던 '65세 이상 노인 전수조사'에서, 퇴직하기 전 한번은 만나보자는 작심을 했다. "도대체 만나기까지 할 게 뭐냐"는 거절에 "아유, 그래도 통화를 하려면 얼굴이 떠올라야······" 어쩌고 해서 마침내 그의 아파트에 들어섰다. 휑하고 깔끔했다. 거실 한쪽에 쌓여 있는 2리터 생수 묶음들과 햇반 박스들, 비닐이 씌워진 채 스탠드 옷걸이에 죽 걸려 있는 양복과 와이셔츠들. 훈장이 주렁주렁 달린 장교복과 군모가 몸만 빠진 채 벽에 걸려 있는 걸 보고 아차 싶었는데, 아니나 다를까 그는 거기서 시작했다. 장교로 베트남전에 참전해 무공훈장들과 함께 약간의 부상. 군대에 더 있다가 사십대 중반에 전역하고 보훈처 안팎에서 돈을 많이 벌어 퇴직. 외아들네 식구가 있고 부인과 사별. 보훈처 얘기부터는 안기부·기무사·청와대·국방부까지 한데 뒤섞였고, 가닥을 놓친 나는 어차피 다 한통속이라는 것만 알겠는데 그는 신바람을 내다 말고 어디서부턴가 울분도 토했다. 요즘 젊은것들에 늙은이들 다, 촛불이고 태극기고 다, 박근혜고 문재인이고 다 썩어빠졌다며 열을 내다가, 이젠 사는 것도 늙는 것도 신경질이 나고 서럽단다. 자기가 뭐라고 울분에 서러움까지……. 웬만한 건 구경 삼아서라도 견디는 편인데, '그래도 새누리당' 소리엔 신경줄을 놓칠 뻔했다. 휴대전화를 무음으로 돌려 귀에 대고 "네, 죄송해요. 지금 ○○○ 어르신 댁이에요. 곧 들어가요" 하고는, 그에게는 복지센터 회의에 늦었다고 했다. 자기 휴대전화를 주며 내 번호를 저장해달라고 했다. 앞으로는 집 전화 말고 휴대전화로 연락하라면서, 하지만 센터에는 번호를 알려주지 말라고 했다. 현관 밖까지 나와 '애기 들어줘서 고맙다'고까지 했다.

2016년 말까지의 안부 확인과 퇴직 후 그가 가끔 걸어온 통화에서 그는 오락가락했다. 억울하다고, 죽고 싶다고, 술을 먹자고, 할 얘기가 더 많다고. 더 듣지는 못하겠고 기록 삼아 통화는 꼬박꼬박 녹음했다. 그 양반도 속이 허했던 건데, 어떤 껍질들의 속이 궁금하기엔 내게 아직 신경질이 남아 있다.

죽음의 경로를 결단해야

: 노인을 집에 둘 수 없는 세상에서

노부모 돌봄이 주 내용인 오남매와 배우자들의 단톡방에 막내 동생의 톡이 떴다. 요약하자면, 아버지(90세)가 거듭 전화하시며 엄마(86세)가 많이 좋아지셨다고 아주 반가워하시더라는 것이다. 대뜸 떠오른 '오래가시겠네'라는 내 생각을 들여다보느라 '다행 다행!!'을 늦게 달았다. 50대 중반의 한 여성은, 요즘 자기가 제일 부러워하는 이는 양가 부모님들이 다 돌아가신 사람이란다. 이제 좀 돌아가실 만하면 병원이 또 살려내고 살려내고 한다는 말도 나왔다. 노인의 상태가 급격히 나빠져 병원으로 모셔야 할지 자식들에게 연락하면, '병원으로는 안 모셨으면 한다'는 정중한 답이 늘고 있다는 요양원 직원의 말까지. 가족은 빼고 속이 통하는 또래끼리라야 가능한, 여든 넘은 부모를 둔 5060세대의 서늘한 '솔까말'들이다.

첫 사례의 지출도 솔까말 해보자. 우여곡절을 거쳐 2012년 2월 중상급의 실버타운에 부모님이 입주했다. 당시 두 분 각각의 개인 공간 보증금 합계는 1억7800만 원. 물론 이후 계속해서 올랐고, 기존 입주자들 보증금은 올리지 않는 게 감사할 뿐이다. 2018년 5월 납입금은 650만 원 정도. 그 외 의료비, 별도의 간병비, 소모품비, 용돈, 외식비 등 약 100만 원을 합하면 월 750만 원이다. 역산하면 6년 3개월 동안 5억6000만 원이 들었다. 두 분의 신체적 건강은 양호한 편이어서 얼마나 '오래갈'지 모를 일이다. 부모님 재산도 좀 있고 오남매 중 셋이 중상층이며 무엇보다 가족 간의 우애가 돈독해 다행이지만, 이미 상당한 무리다. 원가족은 대체로 중상층이지만 삶의 현장은 가난한 사람들 속인 나로서는, 돈 한 푼 못 내는 주제에도 돈의 쓰임새에 관한 윤리적 고민이 없을 수 없다. 그런 나를 붙잡고 엄마가 "나 정말 죽고 싶다"고 말할 때, 대꾸할 말을 찾지 못했다. 평균적으로 '팔자 좋은 노인'이라거나, 마음 하나만 뒤집으면 여기가 얼마나 좋은 곳이냐는 말은, 그녀의 울화만 부채질할 뿐이다. 인지장애로 인한 억지 주장이야 기가 차지만, 그녀의 분노와 우울과 의심은 나름 일관성이 또렷하다. 도대체 무슨 이런 놈의 세상이 다 있느냐 말이다.

　최근 나온 통계는 다른 쪽을 보여준다. 2018년 5월 30일 통계청이 발표한 가계 동향 조사를 보면, 소득 하위 20퍼센트인 1분위 가구주의 평균 연령이 1990년 38세에서 올해 63세로 높아졌다. 가구주의 나이가 70세를 넘긴 1분위 가구는, 2015년 1분기 29.1퍼센트에서 올해는 43.2퍼센트로 급증했다. 빈곤과 고령이 겹친 늪지대가 빠르게 확대되고 있는 것이다. 여든을 넘으면 요양원 입주가 급증할 테니 가계 동향 통계에도 잡히지 않을 것이다. 실버타운이든 요양원이든 장애인이든 노인이든, 시설은 엄마 말대로라면 감옥이다. 신자유주의 사회에서는 효율 없는 존재들을 시설로 밀어 넣을 수밖에 없고, 다음 차례로 자신들이 밀려들어갈 것이다. 모든 노인이 집과 동네에서 죽고 싶지만, 모든 자식들은 노인을 집과 동네에 둘 수 없다. 노인을 비효율이자 돈벌이 대상으로 만들어버린 이 아수라장에, 모두가 가해와 피해로 연루된다.

핵심은 무책임하게 발달한 의료와 과잉된 생명윤리와 복지의 사영화로 누가 이익을 챙기고 누가 고통을 감수하는가이다. 나를 포함해 직장에 건강진단서 낼 일이 없는 주변 60~70대 사람들 중 건강검진을 받지 않는 이가 늘고 있다. 스스로 죽지는 못할망정 오는 죽음을 마다하지 않겠다는 것이다. 죽음의 경로를 결단해야 할 시대다.

엄마 노릇 딸 노릇 사람 노릇

1시쯤 도착할 거라고 미리 전화드렸고, 1시 5분 전에 도착했다. 추석 바로 며칠 전이었다. 현관문이 빼꼼히 열린 채 아래쪽에 신발 한 짝이 괴어져 있었다. 나를 위한 배려다. 현관에서 이어진 부엌 건너편에 있는 한 칸 방문도 열려 있다.

"아유, 문을 아예 열어두셨네. 그러다 나쁜 놈이라도 들어오면 어쩌시려고."

홀로 사는 할머니들을 대상으로 강도 및 성폭력 사건이 늘고 있다. 여름에 주민자치센터에서는 여성 독거노인들을 따로 불러 문단속과 성폭력에 관한 교육을 했다. 김 할머니는 혼자 외출을 할 수 없어서 교육 내용과 자료는 내가 직접 전해드렸다.

"누웠다가 일어나서 문 열려면 시간이 많이 걸리잖아. 그래서 아까부터 열어놨지."

꾸물꾸물 일어나시려는 걸 '뭐하러 일어나시냐?'며 도로 누우시

게 했다. 늘 이부자리를 펴놓고 누워 계신다. 약들과 전화와 휴대전화와 텔레비전 리모컨과 효자손과 메모지와 펜 등이 근처 손닿을 만한 곳에 가지런하다. 성격도 살림도 깔끔한 분이다. 점심으로 누룽지를 끓여 드셨는지 사기 공기에 눌은 밥알이 몇 개 남아 있다. 끓여 잡수시는 일은 아직 혼자 하실 수 있다. 노인장기요양을 신청하셔서 방문 요양보호사를 오게 하시라고 권해도, 남 들락거리는 게 싫어서 신청을 안 하시겠단다. 꼼지락거리며 간단한 청소며 빨래도 하시고, 한 열흘마다 딸도 온다.

남희숙(가명, 1934년생). 딸 하나만 낳았고, 그 딸은 대구에서 시부모를 모시고 산다. 작년 추석 며칠 전, 갑작스런 위경련으로 겨우 내게 연락을 하셨다. 119부터 불러드리고 나도 달려갔다. 딸이 대구에서 급하게 왔다. 위암이 확인됐지만 몸이 쇠약해, 의사도 수술하지 말자고 했단다. 딸은 엄마한테 '나쁜 거'라고만 했고, 어르신은 나한테 '위암'이라고 했다. 딸과 엄마는 병명에 대해서는 서로 이야기하지 않는다. 지난 한 해 빠르게 말라왔다. 요즘은 34킬로그램. 작은 키가 더 작아지셨다. 팔꿈치 위아래의 두께가 거의 같다. 낮은 찻상에 올려놓은 두 다리를 모포로 덥고 누워 계신다. 그래도 허벅지 아래로는 항상 심하게 부어 있다. 오늘은 발이 유난히 퉁퉁 부어 있다.

"내가 원래 살이 없었어. 그래서 이렇게 말라도 살이 늘어지지는 않으니 다행이지 뭐야." 그녀에게 몸은 평생의 자부심이자 노동력이다. 일제강점기와 해방과 전쟁의 와중에 10대 중후반의 한 여학생이 작은 두 발에 몸과 욕망을 싣고 춤을 추며 행복해했다. 발을 살살 만져드렸다. 붓지 말라고 높이 올려놓다보니 피돌기가 더 안 좋아서 발이 늘 차다.

"어르신 발 볼 때마다 무용하시던 모습을 상상해요. 얼마나 아름답고 힘차셨을지."

"내가 무용을 계속했으면 그걸로 대학교수라도 됐을 거야. 소학교랑 여중 다닐 때 늘 구령대에 올라가서 무용이랑 체조 시범을 보였어. 나를 예뻐한 체육 선생님이 꼭 무용과를 가라고 당부하셨는데, 아버지가 '양반집 여식이 무슨 놈의 무용이냐'며 호통을 치셨지."

그래도 꿈을 접지는 않았는데, 여고에 입학한 해에 6·25가 났다. 사변이 끝날 무렵 아버지가 혼처를 정했고 바로 혼인했다. 영감이 돈을 안 벌어와서 평생 당신 몸으로 사셨단다. 몸이 작아 힘쓰는 일은 못 했지만, 여자들 일은 안 해본 것 없이 다 하셨단다. 손끝이 깔끔해서 일감이 안 끊겼다. 그래도 덜 고생하려고 그랬는지, 딸 하나만 생긴 게 다행이란다. 늦게 얻은 외동딸 고생시킬까 봐 딸 결혼시키고도 쉬지 않고 닥치는 대로 일했다. 여든하나인 작년 추석 밑까지도 남의 집 가서 아기 보는 일을 하셨다. 그러다가 쓰러지신 것이다.

"내가 친구들 가자는 여행을 한 번도 같이 못 따라갔어. 노인정 가서 화투라도 치고 놀아봤으면 지금 좀 덜 억울하겠어. 남들은 서방 죽으면 연애도 잘하던데 20년 전에 서방 보내고는 더 기를 쓰고 일했지. 남의 돈 한 푼 받으려면 오장육부를 다 빼놔야 돼. 어느 때는 돈에서 냄새가 다 나더라고. 징글징글한 비린내가. 뭣도 모르는 딸년은 지 년 시집가고 나서는 맨날 나한테 하는 소리가 쉬엄쉬엄 다니라는 거야. 그것도 일인데 쉬엄쉬엄이 돼? 아파도 끌고 나가고 밥 먹을 시간도 없이 다니고. 여자들 일이 더 그렇잖아. 저 고생 안 시키려고 그러는데 쉬엄쉬엄 어쩌고 하면, 그 소리가 그렇게 듣기 싫고 밉더라고. 내가 빤쓰 하나 사는 게 겁나서 다 떨어진 거를 기워가면서 입었어. 딸이 내 서랍 정리하다가 그걸 보고는 궁상떤다고 난리를 치더라고. 그러면서 지가 동대문시장 가서 짝으로 사오겠다나 뭐라나. 근데 그게 글쎄 그걸 자꾸 까먹구 안 사와. 서울 오면 지 딸 데리구는 여기저기 다니면서도, 내 빤쓰 사오는 거는 까먹는 거야. 지 새끼 옷만 사 입히고 들어와서는 나더러 이쁘냐구 물어보는 거지. 내가 얄미워서 아무 대답을 안 해도, 그년은 에미 빤쓰 생각을 못 하더라구, 글쎄. 자식은 키워봤자 아무 소용없어."

"아유, 그래도 그 딸이 효녀지 뭐예요. 시부모 모시고 대구 살면서 서울 사는 친정 엄마 병원을 달에 세 번씩이나 꼬박꼬박 챙기는 게 쉬운 일은 아니에요. 그런 딸이 어디 있어요? 그리고 아닌 말로 아들이었으면 엄마 팬티 걱정을 했겠어요? 딸이니까 속옷 서랍도 챙겨드리고 팬티 걱정도 해주는 거지. 저는 딸이 없어서 어르신이 제일로 부럽더라."

"맞아, 그건 맞아. 철없는 줄로만 알았더니 쉰 되니까 달라지더라고. 내 딸이 올해 쉰이야."

"그리고 어르신, 딸이고 사위고 손주고 간에 아예 기대를 하지 마셔요. 그래야 어르신이 상처를 안 받아. 해주는 거는 그저 '그래 고맙다' 하며 받으시고, 그러면서도 기대는 하지 마셔요. 남이면 기대도 안 하니까 상처받을 것도 없지만, 자식한테는 자꾸 기대하게 되고 그러면 그게 꼭 상처를 받게 되더라고."

"그건 그래. 그런데 아직 젊은데 어떻게 그렇게 잘 아셔? 올해 몇이라 그랬지?"

"아, 사람 사는 게 다 그렇죠 뭐. 저도 내일모레면 예순이에요. 우리 엄마를 보든 저를 보든 다른 어르신들을 보든, 다 거기서 거기예요. 핏줄이 최고라지만, 핏줄이 또 제일로 상처인 거지. 오죽하면 '전생의 웬수가 핏줄로 만난다'는 말이 있겠어요. 이승에서 잘 풀어야 저승에서 좋게 만난대요, 하하하."

"호호호, 그거 말 되네. 그래도 내가 고생한 끝이 있지. 그 딸이 공부도 잘해서 숙명여고 나오고 중앙대까지 나와서 결혼한 거야. 아들딸 둘 낳은 것도 모두 서울서 대학 다니고. 이젠 나 하나만 걱정 안 끼치고 살다 가면 되는데, 작년 딱 요맘때쯤 이렇게 된 거야. 내가 이럴 줄 누가 알았겠어? 여든 넘어서도 몸이 가벼우니까 훨훨 날아다녔는데. 억울해, 억울해…… 너무 억울해."

이무럽다며 털어놓는 딸 얘기는 푸념과 자랑 사이를 들락날락하신다. 어쩌다 내게 보이시던 짜증도 여든둘 선배 여성의 '생기'여서 반가웠다. 사위 직장 때문에 국민기초수급 대상이 되지 못한다. 노인기초연금 20만 원에 딸이 주는 용돈이 월수입의 전부다. 임대아파트 월세 16만 원이 가장 큰 지출이다. 약값과 병원비로 딸도 버겁다. 올여름 폭염에는 잘못되실까봐 딸도 나도 노심초사했다. 중환자실에 입원하셨고, 일주일 내내 서울에 와 있던 딸에게 나는 매일 전화를 했다. 사실 이럴 때는 참 난감하다. 독거노인 생활관리사끼리 하는 말로, 자식이나 본인 입장에서는 '죽었나 살았나'를 확인하는 전화로만 들릴 수도 있다. 다행히 딸은 고마워했다. 그 김에 여든다섯 내 어머니의 이야기도 나눴다. 퇴원시켜드리고 대구 내려가기 전, 일부러 내게 먼저 연락을 해왔다. 마침 근처 어르신 댁을 방문 중이어서 지하철역 찻집에서 잠깐 얼굴을 봤다. 언니라면 좋겠다며 내 손을 먼저 잡는데, 서로의 눈이 붉어진 걸 보고는 둘 다 그 채로 그냥 웃었다.

"딸 노릇 정말 잘하고 있는 거예요. 하는 데까지 하자고요."

쉰 살 여성 후배의 아프고 바쁜 몸과 마음이 안쓰러웠다.

일어나려는데 추석 밑이라며 굳이 미역 한 봉지를 주시겠단다. 미리 현관 앞에 챙겨두시기까지 했다.

"먹고 싶은 거 있으면 미련 떨지 말고 꼭 먹어요. 이러고 혼자 누워 있으면 먹고 싶은데 참고 못 먹었던 게 하나하나 다 떠올라. 그게 제일로 억울해서 나도 모르게 눈물이 주르륵 흐르는 거야. 아이고 바보 천치에 미련한 인생아…… 내가 이런 얘길 최 선생 말고 누굴 붙잡고 하겠수. 딸년한테 하면 쌈이나 되고, 이웃이 들으면 악착 떨더니 저렇게 됐다고 숭이나 보겠지."

목소리에 늘 기운이 없으셨는데, 그날따라 유난히 또록또록하셨다. 못 일어나고 도로 앉았다.

5부 **나의 가족에 관하어**

하루 세끼니 꼬박 64일간 192개를 모은 쿠폰:
엄마, 이번 여행이 마지막은 아닐 거야

엄마는 광명발 부산행 KTX 기차에 오르자마자 유럽 기차여행 이야기를 꺼냈고, 부산에 닿는 약 세 시간 동안 족히 열댓 차례는 반복해서 유럽 근처 이야기를 중얼거렸다. 때때로 앞뒤 칸 자식들이 짧은 맞장구를 치기도 했지만, 대부분은 혼자 두런두런 반복했다. '세계 어디를 가도 한국이 최고'라느니, '유럽 기차들보다 한국 기차가 훨씬 깨끗하고 편하다'느니에 섞어, 지금 이 '기차 값'이 얼마냐는 질문 또한 예닐곱 차례는 거듭했다. 5만8800원이라는 내 매번의 대답에 엄마는 또 매번 "그렇게나 비싸냐? 나는 만 얼마나 할 줄 알았다"며 자식들 돈 쓸 걱정을 붙이신다. 치매가 시작되기는 한 모양이다. 주변 승객들도 치매 비스름히 보아줄 듯하여 걱정은 조금 덜 됐다.

일행 중 나만 서울역에서 먼저 탔고, 다른 식구들은 한 정거장 뒤인 광명역에서 탔다. 가장 먼저 엄마가 기차간에 들어서는 것을 보자마자 나는 '아, 실수다' 싶었다. 주로 승용차를 이용하던 여행과 달리 기차를 선택한 이번 여행에 대해 그제야 아차 싶었던 것이다.

'저 양반의 그 목청을 어쩌나…….'

아니나 다를까, 제일 먼저 나를 발견한 엄마는 "현숙이 너는 어디서 탔냐?"며 큰 소리로 다가오더니, 자리에 앉기도 전에 25년 여가 지난 유럽 여행 생각이 나버렸던 것이다. 최근 일은 잘 잊고 오래된 일은 또렷한 게 인지장애 초기 노인들 기억력의 특징이다. 알프스가 어떻고 지중해가 저떻고 로마의 카타콤베가 뭐 어쩌고……. 나는 듣도 보도 못해서 아예 꿈도 안 꾸는 유럽 어느 동네 이름까지 기억이 꼬물꼬물 올라오는 대로 모두 말로 널어놓으신다. 내 보기에는 분명 자랑도 삼느라 목소리가 또렷하다. 간단한 대답과 함께 "엄마, 사람 많은 곳이니 조금만 목소리를 작게 하자"는 말을 해야 했고, 엄마는 "그래, 알았다"며 의외로 딴지를 걸지 않은 채 수긍하셨다. 정말 다행이고 내내 고맙다 싶을 만큼 목소리가 아주 크지는 않았다. 그래도 우리 일행 말고도 주변의 예닐곱 명은 엄마의 생애사 일부를 고스란히 들어야 했을 거다. 중간에도 그랬지만 내리면서도 자식들은 주변 사람들에게 "소란스러워서 죄송합니다"를 여러 번 말했다. '중년부터 두 귀를 다 잡쉬버린 아버지랑 사느라 당신 목소리가 커졌다'는 게 엄마의 일관된

지론이다.

엄마의 두런두런은 어느새 유년 시절로 넘어갔고, 어렸을 때 당신 아버지와 군산행 기차 식당칸에서 스시를 먹었다는 둥, 여중학교 시절인 6·25 동란 때 기차 위에 올라타 석탄가루를 뒤집어쓰며 전주에서 남원으로 피난을 갔다는 둥, 당신 아버지의 첩 영매와 셋이서 한 기차여행 이야기까지 그 또한 맴맴을 여러 번 돌며 한동안은 어린 시절로 돌아가 있었다.

그러면서도 사이사이 기차 텔레비전에 자막으로 나오는 뉴스를 안 놓치며, 최근의 주요 뉴스에 대한 공지와 해설들을 여러 차례 반복하신다. 성완종, 이완구, 홍준표, 중국 여행객, 네팔 지진, 박근혜, 아베 총리, 노동절과 세월호 집회, 그러다가 갑자기 "현숙이가 데모 안 가고 부산을 같이 가니 좋다"는 이야기까지. 평소에도 늘 텔레비전을 YTN 채널에 고정해놓는 덕에 웬만한 뉴스는 우리보다 더 빠삭한 분이다. 그러다가는 갑자기 요즘 실버타운 노인들이 많이 죽어나간다느니, 홈케어 층에는 아예 정신을 놓아버린 노인들이 수태 많다느니 하고 중얼거리시다가, 결국엔 주변 노인들이 당신한테 이런저런 부탁들을 해쌓서 당신이 요즘 좀 피곤하시다는 말씀으로 마무리를 한다. "다른 할머니들이 나보고 이 실버타운에서 제일로 이쁘다"고 했댔다가 "복이 많아 보인다"고 했댔다가, 하여튼 기분이 좋으시니 일단은 다행이다. 저 양반 기분에 따라 친정 가족 모임이 사까닥지질을 수십 차례 했었다. 엄마랑 나란히 앉은 아버지는 보청기를 빼놓으셨는지 내내 주무시다가도 엄마 챙길 일엔 꼬박꼬박 깨신다.

감정의 조울 차가 심하고 눈치까지 빠르셔서 자식 다섯을 차례로 나가떨어지게 했던 양반인데, 1년 새 그 기폭이 한결 줄어든 대신 인지력과 기억력은 많이 떨어졌다. 내가 새벽 바다 산책에서 돌아오자 "큰딸은 어디 갔냐는 질문을 열 번도 더 하더라"며 막내 아들의 짜증이 한보따리였다. 거기다 대고 나는 "니가 짜증난 게 산책 나간 나 때문이냐 열 번도 더 물은 엄마 때문이냐?"며 살짝 놀리고, 큰아들은 "그렇게 똑똑하던 양반이⋯⋯" 하며 낯색이 금방 변한다.

엄마는 자식들 먹으라고 땅콩과 참외를 싼 분홍 보자기 보따리를 마련했다. 막내아들은 여행 내내 그 보따리를 옮길 때마다 "다음부터는 절대로 이러지 마시라"며 짜증 묻은 잔소리를 했고, 형과 누나들은 그런 막내를 향해 "쉰을 못 넘어서 그런 일로 짜증을 낸다"며 눈치껏 웃어주었다. 땅콩은 자식들이 부모님 잡수라고 사드린 것 중에 남은 것이고, 참외는 실버타운 식당에서 받은 100원 상당의 쿠폰을 하염없이 모아 실버타운 매장에서 산 것이란다. 식사 때마다 음식을 남기지 않는 노인들에게 놀이 삼아 장려 삼아 나눠주는 쿠폰이다. 참외를 여덟 개를 샀는데 개당 2400원이었단다. 큰딸은 얼른 종이를 꺼내 계산을 해서 하루 세끼니 꼬박 64일간 192개를 모은 것이라는 공지를 했고, 막내 빼고 자식들은 모두 기가 차고 웃음이 나와 "우리 어머니, 대~단하십니다"를 연발하며 박수까지 보냈다. 엄마는 "그래도 우리는 둘이 모으니 혼자 있는 노인들보다 많이 모아서 좋"으시단다. 그런 쿠폰을 받자고 손 내밀 양반이 절대 아니었던 아버지는, 늙은 아내가 좋아하는 일이니 꼬박꼬박 받아다가 바쳤을 것이다. 한번은 그 쿠폰 건으로 식당 관리자와 작은 소란까지 있었던 엄마다.

1960년대 중반인 서른 초반부터 남의 돈을 2부에 빌려 3부에 놓는 '이자 놀이'로 시작해, 일흔 중반까지 증권 회사를 들락거린 양반이다. 이자가 안 붙는 건 아쉽지만 여든셋에 개평으로 얻는 쿠폰 재미가 쏠쏠하신 거다. 그런 엄마 때문에 나는 국민학교 저학년부터 일수 걷는 심부름을 해야 했다. 그때 시작한 뺑땅이 나한테는 도벽으로 길게 남아, '돈에 관한 태도'는 내 평생의 이율배반이자 화두다. 당신은 '평생을 못 먹고 못 입고' 모은 돈인데, 내년 초 시집갈 외손녀에게 거금을 투척하실 예정이란다. 그 대목에서야말로 내 귀에만 대고 소곤소곤하며, 모든 손주에게 똑같은 금액을 줄 거라느니, 이건 너만 알고 있으라느니 하는 이야기를 여러 번 했다. 입이 근질거려 엄마 몰래 남매들한테 얘기를 하고 보니, 제일 멀리 살고 잘 찾아가지도 않는 큰딸만 모르는 비밀이더라.

뭐니 뭐니 해도 이번 여행에서 엄마의 최고 멘트는, 큰딸을 재혼시키려는 프로젝트에 관한 것이었다. 엄마 친구의 아들 하나가 결혼을 '한 번도' 안 했는데, 그 남자랑 나를 어떻게 좀 쫌매볼 생각을 했었다는 것이다. 했는데 알아보니 그놈이 글쎄 마흔 초반이라나 뭐라나……. 그래서 그냥 없었던 일로 하자시며, 근데 니가 몇 살이냐고 물으신다. "자꾸 바뀌는 큰딸 나이를 외우려 하지 말고, 엄마랑 띠동갑이니까 스물넷만 빼면 내 나이"라고 이미 열 번도 더 알려드렸었다.

"그러냐? 너도 닭띠냐? 내가 너를 아침에 낳았는데…… 너나 나나 아침에 나온 닭들은 평생 바쁘단다."

그러고 나서 담배 이야기는 서로 간에 처음이다
– 2015년 5월 친정 식구들과의 부산여행

'두 분 관련 사진과 동영상과 기록을 모아 영상물을 만들어, 엄마와 아버지의 장례식장에 틀어놓기.' 이번 여행 중에 일치를 본 남매들과 그 배우자들 모두의 합의 사항이다. 아직은 두 분이 이런저런 여행을 같이 다니신다. 이번부터는 수동식 휠체어가 등장했다. 한 대는 아예 구매를 했고 다른 한 대는 현장에서 빌렸다. 무릎이 안 좋은 엄마는 기차에서 내리자마자 부산역 승강장까지 제부가 챙겨온 휠체어에 넙죽 앉으셨다. 숨이 차서 길게 걷지를 못하시는 아버지는, 으레 엄마에게 양보하시며 자식들에게 '잘했다'는 표정을 보이신다. 타지 않겠다고 하실까봐 염려했던 아버지도 해운대 누리마루 APEC 하우스 주변을 산책하면서는 현장에서 빌린 휠체어를 사양하지 않으셨다. 좋은 산책로와 APEC 하우스의 구경거리들을 포기하고 싶지 않으셨던 거다. 더 일찍 휠체어를 준비했으면 좋았겠다는 생각을 했다. 지난 3월 말 순창 여행만 해도 두 분을 차에 두고 우리만 여기저기를 둘러본 코스가 여럿이었다. 함께 여행할 때마다 이번이 마지막 여행일 수도 있다는 생각을 한다. 해외여행은 이젠 정말 힘들지 싶다. 남매들의 경제력이 고마울 때가 이처럼 두 분을 모시고 여행할 때다. 나이가 들면서 나 역시 무임 여행을 '땡큐' 하며 즐긴다. 남매들 덕에 내 형편으로는 턱도 없는 해외여행도 여러 번 다녀왔다.

두 분 사이가 눈에 띄게 좋아지는 모습이 자녀들과 그 배우자들에게 가장 큰 즐거움 중 하나다. 같은 침대에서 동침을 하셨다는 둥, 엄마가 아버지에게 '감사합니다'라고 또렷하게 말했고 아버지가 배시시 웃었다는 둥, 두 분 몰래 우리끼리 쑥덕거리며 좋아했다. 큰딸이자 싱글인 나랑 셋이 쓰는 방에서 내가 산책 나간 동안, 두 분이서 할매의 똥 묻은 팬티와 속곳을 빨아 여기저기 널고는 꾸룽내가 날까봐 창문들을 활짝 열어놓으셨다. 미포 해변 바로 윗방이어도 욕실의 냄새까지 날려주지는 못했다. 손주네가 증손녀를 데리고 방으로 온다니, 좋아라 하면서도 빨래 걷기에 바쁘셨다.

달맞이고개 포토존에서 자식과 손주들이 휴대전화를 꺼내 조명까지 만들며 두 분 사진을 찍겠다고 와자지껄했다. 아버지는 씨익 웃으시며 엄마의 어깨에 팔과 손을 올리고 당기셨다. 쑥스러워하며 손만 겨우 얹으시던 작년과는 동작이나 표정이 완전히 다르다. 엄마는 아버지 어깨에 얼굴을 바짝 붙이신다. 아버지 허리를 잡으라고 하니, 까먹었다는 듯 얼른 둘러 잡으며 브이까지 해 보인다. 그 미움을 다 견디고 나서 저리 될 수도 있다니, 놀랍고 다행이다. 달맞이고개 야경의 휴대전화 조명발들 아래서 유일한 증손녀와의 한 컷을 놓칠 리 없는 왕할아버지는 신이 났고, 증손녀도 덩달아 웃음 인심이 헤퍼졌다.

두 분의 모습에서 느끼는 내 흐뭇함과 감사의 맥락과 결은 어떤 것일까. 혈血과 족族에 대한, 특히 부모에 대한 이 느낌은 그저 따뜻하고 행복하고 고맙기만 한 감성은 아니다. 오만가지 갈등과 거역의 기억, 속앓이와 울음들, 그 근처에서 뒤늦게 건져올린 따스함과 안쓰러움의 기억들, 반복된 해석과 재해석들. 배반하고 떠났다가 다시 돌아온 후 쉰여덟의 딸이 팔십대 중후반의 엄마 아버지에게 갖게 된 마음결이다. 불가항력의 인연, 각자와 서로의 시행착오와 한계와 상처. 상처의 직시와 통곡과 풀어냄과 성숙, 관계에 대한 거리두기와 다가가기, 갖은 차이와 부대낌에도 불구하고 서로의 진심과 한계를 보아주기, 그들이 먼저 거쳐간 나이와 시절을 꼬박꼬박 뒤따르고서야 도달한 역지사지, 타인의 생에 대한 상상과 인간에 대한 예의, 내 속을 알아나가며 그들의 속을 가늠해나가기, 그리고 서로와 모두의 삶에 대한 안쓰러움과 격려.

아마 나보다 먼저 죽음에 닿을 안완철이라는 여성과 최상범이라는 남성. 그 둘 사이와, 자식들과 세상과 얽힌 관계와 사연들에 대한, 덜 늙은 딸의 당분간은 계속될 안부 인사다. 각자 제 어미의 자궁을 나오며 지른 첫 울음과 탯줄 자르기, 그리고 이제껏 이어진 수고와 아픔과 외로움과 시행착오와 회한들에 대한 내 편에서의 포옹이다.

혈연을 넘어, 자신의 시대와 성별과 계급의 범주화 한계 속을 살아온, 한 세대 위 두 사람에 대한 관찰이자 이해다.

이미 문을 들어선 치매와 노인 통증과 죽음 역시 이 딸년처럼, 아프고 아리고 밉고 포기되고 도무지 이해되지 않는 놈들이겠지만, 그래도 오는 대로 견뎌보자는 다독임이다. 늘 당신들이 앞서 겪었듯 나도 곧 뒤따르며 그 외로움을 고스란히 겪고 느낄 것이니, 혹 '니년도 내 나이가 되면 내 속을 알게 될 것이다'라는 생각으로라도 격려와 버팀이 되라고 내미는 손이고 편지다. 여든여섯의 아버지가 숨이 차서 길가 의자에 주저앉았다. 딸 스물셋에 참견을 포기한 아버지가, 숨 고르기를 기다리며 옆에 앉은 쉰여덟의 딸을 놓고 담배 끊으라는 말을 처음으로 했다. 내 나이 스물하나에 딸년 담배를 놓고 아버지가 나를 때렸고, "아버지는 되는 담배가 왜 나는 안 되는지 나를 설득시키라"고 대들었던 나는 매를 벌었다. 그러고 나서 담배 이야기는 서로 간에 처음이었다. 그래, 이 양반이 내 담배를 모를 수는 없다.

아버지는, 내가 아는 처음부터 칠십대 중반까지 담배를 피웠다.

시작이야 모르겠고, 내가 아는 동안의 그의 담배는 동반이자 중독이었으리라 생각된다. 마흔 이후 여러 번, 빠다볼 등 군것질거리까지 동원하며 담배를 끊으려고 했지만, 그는 성공하지 못했다. 그의 사십대 후반에 이십대 초반의 큰딸년이 담배를 시작한 거다. 못 끊고 또 못 끊고 하던 담배를 칠십대 중반에 아주 끊었다고 들었을 때, 나는 내심 놀랐다. 아무리 협심증과 천식 진단을 받았다 하더라도, '그게 끊어지려나, 무슨 낙으로 살려나' 싶었다. 당시 나는 쉰에 가까웠고, 나 역시 여러 번 금연에 실패했다. 일흔이 넘어 건강 문제가 심각해지면 나도 끊어지려나? 그는 그렇게 끊었고 나는 계속 피웠다. 내 담배를 그가 아는지 모르는지는 내 관심 밖이었다.

나는 중독 성향이 강한 사람이다. 내 중독 성향은 어린 시절 시작된 그와 나의 갈등관계로 인한 영향이 크다. 예순이 가까운 지금, 그를 끌어들여 내 중독의 핑계로 삼지는 않는다. 지금의 나는, 오로지 나의 과제다. 혹 시작이 그로부터였을지라도 과정과 결과는 이제 나로부터다, 책임이든 문제든 과제든. 아직 벗어나지 못한 시작과의 연루조차 나의 것이다.

내게 담배는 중독증 습성이다. 남을 해하지 않는, 법적 처벌이 없는, 그러면서도 사회의 비법적 규범을 깨뜨리며 벗어나며 무관해하며, 내 욕망에 맹목적으로 충실한 습이다. 그는 담배를 50년 정도 피우다 끊었고, 나는 지금 37년 정도 피우고 있다. 그처럼 나도 담배로 인한 몸의 해를 이미 쌓아가고 있다. 가래가 많고 숨이 차는 그의 증상이 내게도 이미 있지만, 나는 담배를 스톱할 마음이 없다. 나중은 모르겠고 지금은 없다. 내 중독 증세를 알기에, 그의 금연이 놀랍고 혹은 충분히 이해되지 않는다. 목숨에 대한 태도의 차이일까, 아니면 나이의 차이일까? 나의 나중까지를 지금 규정하지는 않는다. 지금의 나는 그렇고, 그에 대해서는 잘 모르겠다.

여행을 마친 다음 날 담배를 피우며 이 글을 쓰고 앉았으니, 참 못된 딸이다.

서자 춘섭과 양반집 셋째 여자 서당골댁

오남매 중 둘째이자 큰딸인 내가 1980년대 말부터 10여 년간 천주교 비전향장기수후원회(수십 년의 징역생활을 한 빨치산과 남파 공작원들의 석방과 후원과 북송을 위한 활동)를 하는 동안에도, 나를 말리기만 할 뿐 엄마 입에서 '이복 오빠' 이야기는 거의 없었다. 2000년부터 시작된 내 민주노동당 활동을 놓고 엄마는 "노동당? 야, 그거 무서운 거야"라며 극구 말리기부터 했다. 다행히 내게 '무서운' 일은 없었고, 엄마의 이복 오빠 이야기는 차츰 상세해져갔다. 얼핏 '나도 그 시절 여맹을 잠깐 했었다'는 말을 들은 게 분명한데, 엄마는 곧 말꼬리를 말아넣고는 입을 씻었다. 2010년 이후 나와 엄마는 틈틈이 '안완철의 구술생애사' 작업을 해왔다. 이 글은 나의 엄마 안완철의 10대 중후반(12~19세, 8·15 해방 이후 6·25 전쟁까지) 구술사 중 일부를 별도로 정리한 것이다.

완철은 올해(2013) 만 여든으로 나와는 스물네 살 차이 띠동갑이다. 1933년 10월 9일생(음력, 계유년). 전라북도 남원군 보절면 신파리 신흥마을 출생. 아들 넷 딸 셋 중 막내. 칠남매 중 여섯은 정실부인인 석굴댁의 소생이고, 막내 오빠 '춘섭'만 서당골댁 소생이었다. 순흥 안씨네는 인근의 높은 반가이자 부잣집이었다. 일제 강점기에 보절면 면장, 수리조합장, 어업조합장 등을 지낸 아버지 안병용은, 막내딸인 완철을 더없이 위해주며 아까워했고, 다행히 마을 사람들에게도 인심이 후했단다. 생모는 막내딸의 백일도 보지 못한 채 돌아가셨고, 아버지 역시 완철이 일곱 살일 때 풍으로 쓰러져 11년을 병석에 누워 있다가, 막내딸이 열여덟 살 되던 해에 돌아가셨다.

여든 살 내 엄마의 기억 속에 살아 있는 이복 오빠 춘섭

"서당골댁은 내 아버지의 네 여자 중 세 번째 여자였어. 정실부인 살았을 때 첩을 들인 거지. 정실부인과 한집에서 살지는 않고, 보절면 면사무소가 있는 '솔배미'에 따로 집을 얻어 살았어. 외아들이 잘나서 정실 자식들 못지않게 해줬지만, 서출의 설움은 오만 가지였겠지. 명절이면 다른 형제들은 모두 마루에서 절을 올리는데, 춘섭 오빠만 혼자 마당에 덕석을 깔고 절을 했지. 춘섭 오빠는

서당골댁이 나를 차별하는 걸 보면 늘 자기 어머니를 말렸고, 자기 몫으로 오는 좋은 것들을 나한테 돌려줬어."

"동네 느티나무에 올라갔다고 둘이 벌을 서다가 '완철이는 어렁께, 제가 동생 것까지 섰으면 싶네요' 하니까, 아버지가 긴 담뱃대를 놋재떨이에 땅땅 떨면서 '저 찢어죽일 놈……' 하고는 이내 벌을 푸셨지. 내가 어렸을 때는 서당골댁이 아무리 말려도 춘섭 오빠가 나를 업고서는 동네를 돌아다니기도 했어. 바로 위 오빠고 나랑 네 살 칭하야. 내가 자기 엄마 자식이 아니라는 것을 오빠는 일찌감치 알았겠지."

"인품도 넉넉하고 더없이 따뜻해서 나이 찬 머슴들한테 '해라' 소리 한 번을 안 했어. 종들이 아프면 약도 지어다줬지. 성악을 잘해서 갈마지기 방죽에 나랑 앉아서는 '봄도 가고 여름도 가고' '뜸북새' '아 맹세하노니, 그대를 기다리노라' 온갖 명곡을 불러줬어 ("날~이 가고 달이 갈~수록, 내 맘속에 사무쳐~" 노래를 부르며 완철의 눈이 붉어진다). 나한테는 노래를 부르게 하고 오빠는 악기로 연주하기도 했지. 바이올린이랑 클라리넷 연주가 일품이었어. 균섭 오빠(둘째 오빠이자 실질적인 장남 역할을 한 오빠)가 양반집에서 깽깽이 소리 나면 안 된다고, 보는 데서 악기를 부수기도 했어. 니꼬르 파가니니 같은 바이올리니스트에 대한 영화도 나를 데리고 보러 갔어. 갈 때가 가까워지니 오빠 모습이 더 눈에 선해……."

"아주 어려서부터 보통학교 4학년까지 나는 서당골댁네서 아버지랑 춘섭 오빠랑 함께 살았어. 그러니 나는 서당골댁을 생모로 알았지. 그런데 언제부턴가 눈꼬리가 차가워지고 말이 따뜻하지 않은 어머니를 느끼게 된 거여. 게다가 나 사학년 때 서당골댁이 풍이 심해진 아버지를 머슴 등에 지우고 나까지 딸려 큰오빠네로 보내버렸어."

"네 번째 여자 영매랑 군산으로 나가 살다 풍을 맞아 돌아온 것도 미웠고, 아들까지 낳았는데도 정실로 들이지 않는 것도 서러웠겠지. 이미 재산 분배도 했었거든. 그 후로도 내가 엄마를 찾아가면 차갑게 모르쇠하며 '큰오빠네가 니 집이라'고 하면서 떼어내더라고. 울며 치마꼬리를 잡고 늘어지면, '내가 쫓아내야 니가 오빠네로 가서 정을 붙인다'는 등 찬바람이 씽씽 불었지.""거그다가 동네 사람들이 '땅속 어무니가 진짜 어무니냐? 서당골 어무니가 진짜 어무니냐?' 그런 말들을 했어. 그러니 자연스레 눈치를 챈 거지. 그 후로는 '내 엄니는 꽃상여 타고 후유고개를 넘어갔단다. 어화 어화 갔단다' 하며 혼자 청승맞게 울곤 했어. 나는 어려서부터 천당과 지옥을 같이 산 거제."

안가安家네 막내 시누이와 둘째 큰올케

2년 전쯤 내 엄마인 안완철의 생애사 한 토막을 따로 정리해서 오마이뉴스에 기고했었다.

전북 남원군 보절면 신파리에서 미꾸라지 양어장을 하는 쉰 살 남자가 그제(2015년 5월 14일) 밤 우연히 '보절면 신파리'로 인터넷 검색을 하다가 그 글을 발견했고, 내게 오마이뉴스 쪽지로 연락을 해왔다. 안완철이 그의 막내고모라는 것이다. 그는 안완철을 '최고모'라고 불렀다. 최씨네로 시집간 고모라는 뜻이다. 그는 하 고모와 먼 고모의 소식도 보탰다. 그 김에 내가 쓴, 안완철을 포함한 여성 노인 3인의 구술생애사 책『천당허고 지옥이 그만큼 칭하가 날라나』를 그에게 등기로 부쳤다. 그러면서 통화와 문자로 오고 간 그와의 소통과 주변인들의 기억이 또 내 호기심을 발동시켰다. 그에 관한 기억이 내게는 없다. '족族'을 챙기지 않는 내 편협 탓이다. 그 소식을 남매들과 단톡방에서 주고받다보니, 오빠와 여동생은 그에 대한 토막 기억들이 있다. 그는 내 큰외삼촌 안명훈(가명)의 큰아들 안영식(가명)이다. 양반집이자 부잣집의 큰아들이었던 명훈은 어릴 때 우물에 빠져 한쪽 눈이 장애가 되었다. 완철의 구술에 의하면 명훈은 장애로 인해 집안을 많이 낮춰 혼처를 정했다고 한다. 가난하고 양반 낮은 친정 때문에 서러움을 많이 당한 그 부인은 더더군다나 딸만 넷을 낳았다. 명훈은 첫 부인을 놔둔 채 둘째 부인을 얻었고, 그 둘째 부인에게서 딸 둘에 이어 마침내 아들 둘을 얻었다. 그 큰아들이자 종손이 바로 엊그제 내게 연락을 해온 안영식이다. 명훈이 많이 늦게 얻은 아들이다보니, 영식의 나이는 나보다 여덟 살 아래다. 명훈과 큰 부인은 이미 돌아가셨고, 올해 여든여덟인 영식의 어머니는 그대로 보절면에서 영식의 집 가까이에 살고 계신단다. 일곱 남매의 막내딸이었던 완철은 올해 여든셋이다. 자신이 누구임을 설명하는 간단한 쪽지를 읽자마자, 나는 안가安家네 집안에서의 그의 위상이 후루룩 떠올랐다. 오마이뉴스 글에는 안가네의 다른 서자庶子 이야기가 나오고, 그 글을 읽으며 그가 떠올렸을 자신의 기억들이 궁금했다. 나는 문자로 슬슬 옆구리를 찔렀고, 그는 느리게 답 문자들을 보냈다. "제 엄마도 아픔이 많지요." "엄마와 저만 알고 있는, 전설의 고향에나 나올 만한 사연이 많아요." "저도 큰어머님과 생모님 사이에서 지옥이 따로 없었지요." "복수는 세월도 해주고 남도 해주더라고요." "손에 피묻히지 말고, 하는 데까지는 해야지요." "최 고모님은 속을 풀어내셨다니 다행이네요. 누님이 효도하셨네요." 안가네고 최가崔家네고 '양반이라면 이가 갈린다'는 완철은, 어려서 부모를 잃은 자신을 냉대했다는 큰올케에 대한 미움이 컸다. 그러면서도 영식의 생모에 대해서는 올케 '취급'조차 안 했다. '씨받이'라는 표현도 썼다. 영식의 생모가 기억하고 있을 막내 시누이 완철은 대체 어떤 모양일까?

이제야 이쪽저쪽에 대한 미움이 좀 사그라들고 있는 완철에게, 다음 여행은 보절면 신파리 둘째 큰올케네로 잡자고 해봐야겠다. 두 늙은 여자가 주름진 낡은 손을 포개는 모습이, 보지도 않고서 미리 그립다.

양반이라면 이가 갈려, 안씨네고 너그 최씨네고……

"재산 분배는 아버지 병이 깊어지기 전에 하셨어. 춘섭 오빠 몫이라고 서당골댁한테 더 주었지. 나는 딸이라고 직접 주지를 않고, '완철이는 판검사라도 할 것잉게, 꼭 높은 공부를 시켜야 헌다' 하시며 다른 오빠들에게 더 줬어. 그랬는데 전쟁 끝나고 바로 혼인을 시켜버린 거여. 그게 내 평생의 한이야, 그게. 양반이라면 이가 갈려, 안씨네고 너그 최씨네고."

"보통학교 때 일본 선생님들 중 어떤 분들은 춘섭 오빠랑 친하게 지내며 서당골댁네로 놀러도 오고 자고 가기도 했지. 오빠는 일제시대부터 사범학교를 다니며 조선노동당 비밀 당원으로 좌익 활동을 했던 거 같아. 오빠 또래 청년들이 집에서 자주 모였어. 누가 오나 나한테 망을 보라고도 했지. 그 책들을 나도 많이 훔쳐봤어. 쁘로레따리아뜨, 쏘비에뜨, 레닌, 맑스⋯⋯. 그런 것들이 뭔가는 잘 몰라도 오빠가 하는 거니까 좋은 거려니 했지. 김일성대학 교수라는 사람도 그 집에 왔었어. 오빠가 그 교수랑 멀리로 교육을 간다며 깔끔한 신사복에 도리우찌라는 납작모자를 눌러 쓰고 나가서는 한참을 안 오기도 했지. 이제는 이런 이야기해도 별일 없겠지야? 풀어놓고 죽어야지."

"균섭 오빠는 일제 때부터 헌병을 했고 해방 후에는 대위까지 됐어. 그러니 건준이니 인공이니 전쟁이니 그 난리 통에도 우리는 한집안에 우익과 좌익 대장급이 다 있는 거잖아. 춘섭 오빠가 많이 서러웠겠지만 앙갚음을 할 사람은 아니지. 인민군이 오면 춘섭 오빠가 막아주고 국방군이 오면 균섭 오빠가 막아주고 해서 우리 집안은 어느 쪽으로도 별 피해가 없었어. 나 어려서부터 아버지가 아침마다 지리산 천왕봉을 향해 깊게 절을 하신 덕인지⋯⋯. 식솔이나 동네 사람들도 아버지 덕 안 본 사람이 없응게, 지주 집이라고 해꼬지하는 사람도 없었어. 그 지리산 자락으로는 한번씩 뒤집어질 때마다 기막힌 일이 많았더라구…….

전주로 재금 나간 균섭 오빠네서 전주여중 2학년을 다니다가 6·25가 났어. 그래서 남원 큰오빠네로 다시 들어왔지. 인민공화국 지부가 우리 집 사랑채에 차려지기도 했어. 제일 넓기도 하구 먹을 거랑 쓸 만한 물건이랑도 많응게 그랬겠지. 그때도 뭐 그냥 내줄 거 다 내주고 서로 잘하고 그랬어."

"나는 몸이 아파 학교가 늦어서 중학교 2학년이어도 열여덟이었거든. 그러니 쉽게 배우고 잘하잖아. 선전부장을 맡아 밤마다 여자들을 모아놓고 노래도 가르치고 연설도 하고 그랬어. 완장도 찼지, 하하하. 여맹 뭣은 아니고 선전부장을 했던 거야. 우리 마을서는 절대 안 하지. 그랬다간 동네 일가랑 집안에서 난~리가 났게? 일부러 멀리 못 알아보는 동네로 나를 보냈어. 세상이 뒤집어졌으니 균섭 오빠는 제주도로 피신해 있었고, 병석에 계신 아버지도 크게 말리지를 않았지."

"딸들 신세 서러운 건 양반이나 상놈이나 다 똑같은 거 같더라구. 갓 태어나 생모 잃고 이리저리 치인 설움을, 그 선전부장 일에 담았는가도 모르지. 춘섭 오빠 때문에라도 인민공화국을 나쁘게 생각하지 않았지. 양반집이니 부잣집 어른들은 세상이 망쪼가 들었다고 한탄들을 해쌓더만, 나는 신이 나고 좋았어."

짚자리에 떨어지는 날부터, 쓰지 못할 계집이라고 갖은 학대 다 받았
지 않느냐

"원래는 힘찬 노랜데, 가사가 서럽고 딱 나를 위해 만든 노래 같
아서, 혼자 구슬프게 부르며 울기도 했지. 진짜 어렵게 산 사람들
이 보면 참 가소로웠겠어. 응? 하하하. 그때 춘섭 오빠는 곁에 자
주 없었어. 어딘가는 몰라도 공화국 상부로 배치가 되었다고 했어.
그 선전부장 한 얘기는 전쟁 끝나구는 입을 딱 닫았지야."

"우리야 별 탈 없었지만, 그때 공화국 하던 사람들이 나중에 다
죽고 잡혀가고 난리가 났었지. 니가 전에 그 무슨 노동당 여성위
원장인가 한다 그럴 때, 내가 겁이 난 게 그거여. 그러다가 세상이
또 뒤집어져서 춘섭 오빠가 지리산으로 들어간 거야. 처음에만 해
도 가끔씩 내려왔다 가곤 했지. 그 잘생기고 깔끔한 모습은 온데
간데없구, 까칠하고 덥수룩하더라구. 그러다가 어느 날인가 문득
집에 왔는데, 복숭아 한 아름을 가져왔더라구. 나를 보자 그걸 봉
지째 주면서 너 줄라구 사왔다는 거야. 내가 복숭아 못 먹는 걸 오
빠가 모를 리도 없는데 말이야."

"'오빠 고마운데, 나는 못 먹으니까 오빠가 먹어' 하고 다시 밀
어주니까, 열 개도 넘는 복숭아를 앉은 자리에서 다 먹더라구. 그
게 마지막일지 오빠는 알았나봐. 아버지랑 어머니를 찾아 큰절을

하고는 다시 나를 부르더라구. 까끌까끌한 손바닥으로 내 얼굴을 쓰다듬으며 '너는 내 동생이지, 너는 내 동생이지……' 하며 하염 없이 만져주고는…… 갔어."

쌍계사에 은행나무 천진데, 어디서 내 오빠를 찾겠나

"아버지는 전쟁 중이던 1951년 음력 칠월, 환갑을 몇 달 앞두고 돌아가셨어. 춘섭 오빠만 임종을 못 했지. 소식이야 들었겠지만 장 례에도 못 왔어. 모르지, 남들 모르게 왔다 갔는가도……. 춘섭 오 빠도 없는 아버지 장례가 나는 너무나 서러웠어. 전쟁 중이라도 초상은 제대로 차렸지. 배고프던 전쟁 중에 온 동네 사람 다 불러 먹이고 가신다고 사람들이 치하들을 했어. 이짝 저짝 다 불러서 한데 멕이고 가셨어."

"오빠는 전쟁 끝날 무렵에 지리산에서 토벌이나 동상으로 가신 거 같아. 산사람들이 '춘섭이가 동상이 아주 심하더라'는 말도 했 고, 피아골서 총상이 심한 거를 봤다는 사람도 있었어. 한동안 꿈 에 자주 보였어. 묘똥 위에서 나를 붙잡고 '나는 죽었다. 나 제사 좀 지내돌라' 그러기도 하고. 쌍계사 은행나무 밑에 시신을 모셨다 는 말을 어디선가 듣고, 나중에사 니 오빠랑 여러 번 가봤어. 쌍계사에 은행나무 천진데, 어디서 내 오빠를 찾겠냐."

"모실아래, 접내미, 석새미, 동재뜰, 범말, 돌촌, 섬말, 사리반, 꽃쟁이고개, 에끼재⋯⋯. 오빠가 갖가지 꽃을 따주며 나를 업고 노래를 불러주면서 데리고 다닌 곳들이야. 서모는 그러고도 한동안을 거의 잠숫지도 않고 그 작은 몸으로 새끼를 찾아 그곳들을 헤매다녔어. 꿈에라도 그 에미와 새끼가 서러움 없이 웃었을까."

그 중간 어느 땐가부터 서당골댁도 완철도 집안 누구도 각자의 기억 속에 춘섭을 눌러 덮었다. 스물넷 외아들을 가슴에 묻은 채 보절면 그 집을 떠나지 않고, 서당골댁은 홀로 아흔을 넘기고 2004년에 돌아가셨다. 돌아가시기 며칠 전까지 새벽마다 경대 앞에 앉아 동백기름과 참빗으로 쪽을 지시고, 새벽기도를 나가셨단다. 춘섭이 죽은 나이가 스물넷 즈음, 그 나이 즈음에 완철은 봉건사회를 떠나 서울로 비집고 들어섰으며, 그 나이 즈음에 나는 신발도 꿰지 못한 채 '아버지 집'을 뛰쳐나왔다. 서당골댁이 죽은 2004년 민주노동당은 10석의 국회의원에 환호했고, 2013년 현재 진보 정치는 폐색 혹은 암중모색이다.

두 번째 책을 아버지에게 선물하다

7월 말의 평창 여행에서도 아버지는 휠체어를 사절했다. 그러면서도 걷기는 많이 힘들어했다. "다리는 괜찮은데 숨이 차서 길게 걷기가 힘들다"는 말을 나랑만 있을 때 했고, 나는 그 말이 내 담배 얘기라고 생각했다. 그는 칠십대 중반까지 담배를 피웠고, 폐가 많이 안 좋아지고서야 힘들게 끊었다. 올봄 부산 여행에서 그는 처음으로 대놓고 내 담배 얘기를 꺼냈다. 그가 내게 '하지 마라'는 의미의 말을 건넨 건 내 나이 스물넷 이후 처음이다. 그만큼 그 말은 무겁고 간곡하다.

그 후로 담배 이야기가 자꾸 생각났다. 담배 끊기를 고민한 것은 아니다. 그에게 큰딸 혹은 최현숙은 어떤 사람일지를 생각했다. 그가 나를 얼마나 알고 어떻게 여기는지를, 나는 거의 모른다. 그에게 어떻게 보여야 한다는 생각은 없지만, 걱정거리가 덜 되어야 한다는 생각은 들었다. 스물넷 이후 그와 부딪친 일이 없었고, 나를 설명하지도, 그가 묻지도 않았다. '성공한' 다른 자식들에 비해 내가 그에게 걱정거리일 것임은 분명했다.

문득 최근 내가 글을 쓰고 책을 냈다는 것을 그가 모를 거라는 생각이 들었다. 그가 안다면, 큰딸에 대한 걱정도 좀 줄고, 아마 내 담배에 대해서도 이해를 하든 마음을 접든 하지 않을까 싶었다. 내가 그에게 기쁨을 주었던 기억 한 장면은, 중학교 1학년 교내 백일장에서 장원했을 때 그의 얼굴이다. 평소의 그답지 않게 '네 할아버님도 호남 글짓기 뭐에서 장원을 했다'는 이야기까지 꺼내며, 이목구비와 얼굴 피부가 한꺼번에 꿈틀대는 웃음을 보였다. 그 전에도 그 후에도 그런 웃음은 없었다. 그렇게까지야 아니더라도 그후 그가 나로 인해 기쁜 날이 얼마나 있었을까? 그 시절부터 그와나는 부딪치기 시작했고 나는 그를 미워하기 시작했다. 분노와 아픔과 걱정과 이해할 수 없음만 이어졌으리라는 생각이다, 내 삶이 그에게.

그 김에 평창 여행에는 일부러 내 두 번째 책을 챙겨갔다. 남매들이 첫 번째 책으로 생각할까봐, "아버지 드리려고 두 번째 책을 챙겨왔다"는 말을 미리 했다. 첫 번째 책에는 뒤늦게 또 그를 아프게 할 것이 분명한, 그에 관한 큰딸과 아내의 한풀이가 들어 있다.

늦은 밤 평창 숙소에서 책을 들고 일부러 노부부의 방을 찾았다. 요즘 들어 귀가 더 어두워져버린 그에게, 책 표지와 저자 이름을 손으로 보여주고 책을 내밀었다. 뭔가 묻는 듯 나를 보다가, 내 손길을 따라 책으로 갔던 눈이 다시 내 눈과 마주쳤다. 그가 환하게 웃었고, 나도 따라 웃었다. 피차 겸연쩍기도 했다. 그가 책을 펼치는 것을 보고 방을 나왔다. 그 책을 그는 어떤 느낌으로 읽었을까. 그가 나를 좀 이해하게 될까. 최소한 큰딸 걱정이 좀 줄기는 할까.

여든일곱 생애의 구체적인 경험과 느낌과 회한을 나는 모른다. 아내와의 관계에서 보이는 최근의 친절함과 다정함이 놀랍고 고마울 뿐, 그 변화에 담긴 내면도 나는 거의 모른다. 아마 최근 3~4년간 깊은 성찰이 있었으리라는 생각 정도다. 그의 삶을 모르듯, 삶에 대한 그의 정리도 나는 가늠할 수가 없다. 전처럼 섣부르게 그를 규정하지 않을 뿐이다. 최소한 아내와의 관계에서, 그리고 자신의 남은 생에 대해서 그는 무언가 정리된 듯 보인다.

그 책을 읽고, 그가 자신의 생애를 내게 이야기하고 싶어지기를 바란다. 그의 삶과 느낌과 생각을 기록하고 싶은 내 마음이 그에게 전해지기를…… 그 김에 내 삶도 좀 끼워넣어 큰딸과의 긴 오해를 풀 수 있기를…….

다섯 자식 중 내 방문 차례에만, 차비하라느니 사온 과일값이라느니 하며 그는 내게 오만 원짜리 지폐를 쥐여주고야 만다.

두 아들의 결혼식에 참석하지 않은 엄마

2016년 2월 5일 금요일 오전 8시 30분. 맑고 춥다.

2월의 첫 일기인데 벌써 5일이다. 어제 낮에 미얀마 여행에서 집으로 돌아옴. 여행기와 사진 정리는 포기해야겠다. 설 바로 밑이어서 독거노인센터 후원 물품 전달 등의 일이 밀려 있다. 그리고 문성철의 결혼 준비.

'두 아들의 결혼식을 모두 참석하지 않은 엄마'로 정리될 예정이다. 각별한 일이다. 하긴 내 결혼식도 하지 않았다. 형편도 안 되었지만 필요도 느끼지 않았다. 모든 세리머니가 나는 불편하다. 세리머니용 복장과 장식과 표정과 언어들. 차이와 이질과 갈등에 대한 직시를 비껴가자며 합의한 잔치와 순서들이 늘 불편하다. 그러니 두 아들 모두의 결혼식에 참석하지 않게 된 것이, 순전히 개인적으로는 간편하다. 물론 우울이 없을 수 없지만, 우울에 젖기보다 우울의 이유나 내용을 묻는다. 그 답은 '자식 결혼식에 가지 않은 여자'에 대한 타인의 시선, 사회적 낙인 때문이기에 우울은 곧 털어진다. 또 하나의 모성 이데올로기다. 그럼에도 지난 새벽에 혼자 눈물을 흘리며 감성적이 된 이유는 무엇일까? 큰아들과의 관계 단절로 인한 남은 눈물일 것이다. 그래, 아직 눈물과 감성이 남아 있구나. 나쁘지 않다. 이번 작은아들의 결혼 과정에서 큰아들과의 관계를 회복하고 싶다.

나의 선택들이 구체적으로 어떤 사건과 에피소드와 경험과 해석과 아픔과 성숙으로 이어지는지를 스스로 보고 겪고 정리하고 있다. 어떤 선택에 대해서든 마침표는 없다. 유한한 인생으로 인해, 한 사람의 선택은 다음 세대에 영향을 미치며 계속 이어진다. 그러니 안정을 선택하라는 말이 아니다. 선택을 스스로 책임지고 살며, 선택에 따른 갈등과 상처를 가능하면 잘 소화하고 화해하면서 성숙하자는 이야기다.

내 과거의 선택에 후회는 하지 않는다. 안정보다는 위험을 무릅쓰고라도 욕망과 공공선의 경계에서 고민하며 선택해왔고, 그 선택 중 어떤 것들은 실패로 정리될 사건들이다. 현재로서는 결혼이 그렇다. 그럼에도 나는 사회문화적 차이가 많이 나는 남자를 선택했던 것을 후회하지 않는다. 나는 그를 통해 가난으로 들어갔고, 가난하게 살았고, 가난한 사람들을 알게 되었고, 가난한 사람이 되었다. 적어도 경제적으로 나는 가난한 사람이 마침내 되었다. 생애 전환이 된 선택이다. 실패의 원인은 사회문화적 차이를 극복하지 못한 것이다. '성격' 역시 많은 부분 사회문화적 조건의 영향을 받는다. 25년간의 결혼생활 동안 피차 서로의 차이를 잘 관리하지 못했다. 한 사람은 상대를 자신과 같게 하려 했고, 다른 한 사람은 차이를 방치했다. 나는 나 자신이었고, 더구나 계속 변화하는 나여서, 결혼 당시의 나로 고정되어 있지 않았다. 변화의 주 내용은 주로 사회적 존재로서의 나였고, 따라서 사회문화적 차이는 점점 더 벌어졌으며, 그 차이가 그와의 사이에서 생겨난 갈등의 주원인이었다. 차이와 갈등에도 불구하고 나는 가족으로서의 동거가 가능하다고 생각했지만 갈등은 폭력으로 이어졌고, 내게 사랑하는 여자가 생긴 것을 계기로 나는 그 결혼을 끝냈다. 결혼관계의 실패에서 나는 많은 것을 얻었다. 갈등과 상처와 혼돈 속에서 마침내 얻어낸 것들이 오히려 더 값지다는 것이 내 생각이다.

지난밤 또 한바탕을 울어서 내 속은 좀 넉넉해졌나보다.

전남편에게 메일을 보냈다. 작은아들의 결혼을 놓고 내 쪽 입장을 정리했고, 분명히 알리고 싶었다.

어떻게 지내고 있어요? 요즘은 성철이를 통해 당신 근황을 좀 듣게 되네.

성철이와 그의 여친에게 최대한 마음과 과정의 복잡함을 줄여주기 위해, 내가 결혼식에 참여하지 않기로 했어요. 좋은 결혼식 자리를 만들어주리라 믿어요.

오빠와 내 남매들에게도 이번 설 모임에 충분히 이야기를 하면, 다들 잘 이해해주리라 생각해요. 결혼하는 두 당사자를 편하게 해주는 게 가장 중요하다고 오빠도 이미 말했고.

당신과 당신 부인이, 두 아이를 위해 좋은 결혼식을 만들어주리라 믿어요. 그 김에 당신도 성철과의 아픔이나 갈등을 잘 풀게 되는 계기가 되기를 바라고.

정작 하고 싶은 건 큰아들과의 소통이지만, 아직은 기다려야 하나보다. 어쨌든 내 마음을 전해야겠다고 생각해서 메일을 보냈다.

어떻게 지내고 있니? 너와의 소통을 아직 더 유예하는 게 맞는 건지 판단을 못 하겠지만, 오늘은 그냥 내 마음을 남기고 싶어.

네 동생의 결혼식에 가지 않기로 마음을 정하는 모든 과정에서, 너의 결혼식 불참 건이며, 너와의 관계들이 계속 되새김질되더라. 결국 두 아들의 결혼식에 모두 참석하지 않은 엄마가 되는구나.

내가 빠져주는 것이 네 아버지와 그의 부인, 너와 그쪽 친척들에게 내가 할 수 있는 최선이라는 판단에서, 그리고 무엇보다 결혼의 두 당사자를 그나마 덜 복잡하게 해주는 길이라는 생각에서 성철이의 결혼식도 가지 않기로 했어. 이 결정에 대해 누구보다도 네가 다른 오해를 하지 않기를 바라는 마음이야.

처와 아이들도 잘 지내고 있지? 성철이가 가끔 이야기를 해줘서 그냥저냥 소식은 듣고 있어. 너를 또 화나게 하는 소리가 될까 염려되지만, 나는 여전히 너를 기다리고 있어. 너와의 갈등 과정에서 겪은 서로의 아픔이 피차를 잘 성숙시켜주기만을 바라면서…….

엄마의 해체를 관찰하며

오늘 병원 두 곳을 다니며 세 명의 의사를 거치고, 여러 방과 사람들의 여러 처치를 거치는 동안 엄마는 묻는 말에 짧게 대답하면서도 거부나 적극적인 의사표현은 전혀 없었다. 마치 자신의 몸에 대한 주변인들의 말과 처치들에 대해 아무것도 모르는 것처럼. 실버타운을 나서면서는 어디를 가는지조차 묻지 않았다.

문득 엄마가 아버지에게 억지를 부리며 의심과 분노를 공격적으로 드러내던 게, 겨우 한 달 전까지의 일임이 떠올랐다. 이제는 그런 의심과 분노, 적극적인 의사표현이나 공격적인 감정이 없어졌다는, 이미 그 단계가 다 지나버렸다는 생각을 했다. 되돌아갈 수 없을 거다. 돌보는 사람도 혹 엄마도, 이 단계가 훨씬 편할 수 있다. 그녀는 자신의 의심과 분노와 집착으로 인해 많이 불행했고, 우리 모두도 힘들었다. 이제는 자신을 가둔 판단과 감정의 감옥에서 나와, 무감정과 무력이라는 새로운 감옥 벽을 차곡차곡 만들고 있는 중이다. 그녀는 아직 무엇을 느끼고 있을까?

보름 전의 산부인과 진단 과정에서, 아랫도리를 다 벗기우고, 세 여자와 한 남자에게 몸이 들려, 산부인과 진찰대 위에 겨우 걸쳐져 다리가 벌려진 채, 젊은 남자 의사의 여러 가지 처치에 묵묵히 눈을 감고 있던 엄마.

"조금 차가울 거야." "기구를 안에 넣을 거야." "약을 안에 넣을 거야." "주사니까 조금 아플 거야." 그녀가 거치는 모든 과정은 부끄러울 일이 아님을 모두에게 주장하듯, 엄마의 다리 하나를 잡은 채, 나는 의사의 진료 행위 직전마다 부드럽고 건조하게 중계했다. 아무것도 못 느낀다고 알리고 싶은 양 엄마는 "응" 소리 한 번을 안 했고, 주삿바늘에만 얼굴을 한 번 찡그렸다. 진료실에 들어가면서부터 내내 눈을 감고 있었고, 나와서도 뜨지 않았다. "엄마, 왜 계속 눈을 감고 있어?"라는 내 물음에서야 "부끄러워서"라고 또렷하고 짧게 말했다. 그날의 산부인과 조처는 효과가 없었던 데다 다른 병증까지 겹쳐, 오늘은 두 병원의 세 전문과를 돌아다닌 것이다.

오늘의 병원 행차를 마치고 실버타운 공동 케어홈으로 돌아와 가장 먼저 한 것은 기저귀 교체였다. 엑스레이를 찍기 위해 두 여자와 한 남자의 힘으로 휠체어에서 병상으로 몸이 옮겨지는 동안 '대변이 마렵다'는 말을 했다가, 곧 괜찮다고 했었다. 케어홈으로 돌아오면서 아마 대변을 봤을 거라는 생각이 들었고, 냄새도 났다. 엄마 방에 들어서자마자 직원에게 기저귀를 봐달라는 부탁부터 했고, 나는 담당 간호사와의 대화를 위해 잠깐 나왔다가 다시 엄마 방에 들어갔다. 요양보호사가 엄마의 기저귀를 갈고 있었다.

"대변을 보신 거네요." 수고에 대한 감사를 묻힌 내 말에 요양보호사는 "아유, 보신 정도가 아니네요"라는 '일상적인' 답을 했고, 그 말의 음색이 내 마음에 덜그덕 걸렸다. 냄새와 물질감과 노동의 내용에 관한 감정과 판단이 담긴 음색. 그녀가 노인에게 탓을 하고 있는 느낌이 들었다. 나중에 돌이켜보니 그것은 내 귀와 마음의 느낌일 뿐이었다. 요양보호사의 음색은 짜증도 판단도 없는 일상적인 빛깔이었다. 노인 탓이나 똥 탓은 할 수 있는 일이고, 혹은 탓조차 아니었을 수 있다. 요양보호사와 엄마 사이에는 일상이 된 장면을 50센티미터 거리 안에서 문득 직면한 내 느낌일 뿐. 침대 위에 눕혀져, 몸이 벽을 향해 반 정도 돌려진 채, 하체 전부가, 그중 특히 엉덩이와 항문이 타인에 의해 벌려져 맡겨진 채, 똥이 뭉개진 기저귀가 벗겨지고, 물티슈로 항문과 엉덩이와 성기의 구석구석이 닦여지는 일을, 당하고 겪고 있는 늙은 여자. 항문과 엉덩이와 성기의 근육과 피부의 느낌들은 엄마의 뇌에 얼마나 전달되고, 어떤 생각을 만들어낼까? 수치심에 어떻게 익숙해져가고 있는 걸까?

넉 달 전쯤 엄마는 내게 '나 정말 죽고 싶다'는 말을 또렷하게 했고, 그 또렷함 때문에 나는 섬뜩했다. 당시는 공동 케어홈으로 이주한 뒤 남편이나 자식들에 대한 오해와 원망으로 몹시 불안정한 채, 해 떨어질 시간을 경계로 분노가 들락거리던 때였다. '죽고 싶다'는 말이 슬펐다기보다 진정성이 이해됐고, 발음의 또렷함에서 혹 실행의 기미까지 의심됐다. 마음 하나만 뒤집어 지금 당신 상황을 수긍하기만 하면, 엄마의 말년은 평균보다 상당히 좋은 편이라고 생각했고, 남매들과 둘러앉아 수긍하지 못하는 엄마를 탓하기도 했다. 타인의 시선과 느낌이 오만임을 알면서도, 엄마의 분노를 가라앉혀보려고 수긍 어쩌고 하며 설득이라는 걸 해본 날, 엄마는 악다구니를 참느라 눈빛과 팔을 부들거렸다. 자신의 상황에 대한 나름의 판단과 감정으로 그녀는 '독한 불행감' 속에서 맴돌았다. 엄마 평생의 열정의 이면이라고, 나는 생각했다. 한 인간의 상황과 고통과 느낌에 대해 사회적 평균을 갖다 대는 것은, 적어도 당사자에게는 폭력이다. 그녀의 딸은 엄마의 생애 경험과 통계 좌표상 위치를 가늠하며, 빈곤한 노인과 부유한 노인 사이 물질과 정서의 질량 차이를 저울질하는 일을 내내 포기하지 않더라도.

건조하게 기술하자면, 부자 노인들은 말년을 어떻게 지내며 어떻게 늙어 죽어가는가를 관찰하기 위해, 혈연을 핑계 삼아 실버타운을 들락거리며 엄마라는 여성 노인과 아버지라는 남성 노인의 늙어 죽어감에 최대한 밀착해 있다. 이것이 올해(2018) 3월 내 수원 이주의 유일한 목적이다. 혈은 혈대로 제 일을 할 거라 치고.

이제 그 '독한 불행감'에서 엄마는 빠져나왔다. 평온이나 행복감이 아닌 '무력'과 '무능'으로 이동했다. 타인의 위험한 단정일 수 있지만 무감정이나 무판단으로, 더 이동했다. 2018년 1월 이후 엄마의 해체 속도는 빨라지고 있다. 그 과정에서 아마 남은 집착을 떨구는 시기가, 그 '독한 불행감'의 시기였지 싶다. 이제는 집착도 '독한 불행감'도 놓쳐버리고, 점점 더 빠르게 망가져가는 자신의 몸을 지니고 견디며 놓아둔 채 있다. 내 보기에 엄마는, 몸체는 아직 비교적 괜찮은 상태에서 몸의 부분들이 각각 부서지다가, 각각의 부서짐이 하나 둘 셋 연결되어 한 덩어리씩 뭉텅뭉텅 붕괴되어가는 느낌이다. 그리고 나와 다른 남매들은, 그녀의 아직 남은 기능들과 만나 함께 놀아보려고, 포기와 선택을 위한 머릿속 눈알을 굴려 엄마의 상태를 판단하고 카카오톡 단체 대화방에 공유하며, 따스한 손으로 그녀를 만져 함께 느끼면서 헤어질 준비를 하고 있다. 그녀도 내 손길의 의미를 아는 듯, 따뜻하다느니, 탔다느니, 이 점은 언제 생겼냐느니 하며 아직은 답을 해주고 있다. 독한 관찰자를 자처했지만, 눈물은 가끔 저대로 찔끔댄다.

생명을 놓치지 않은 채, 아니 생명이 아직 떠나지 않은 채, 그녀는 차차 죽음으로 들어가고 있다. 마치 컨베이어벨트 위에 놓인 채 기계의 동력으로 공간 속 평면 위에서 자기 위치를 이동당하는 물체처럼. 엄마는 자신의 이동을 느끼고 있을까? 몸의 변화를 얼마만큼 알고 있을까? 안다면 더 불행한 일이고, 모른다면 차라리 나은 일인가?

"귀신같지?······" 병원 절차들 때문에 내가 말을 적게 걸어 그녀도 말수가 적었던 오늘, 틈날 때마다 마주보며 얼굴을 어루만지고 있던 내게 엄마가 한 말이다. 1년 반 전까지만 해도 식당에 가기 위해 방에서 나올 때마다 화장을 하던 엄마다. 방긋 웃으며 "예쁜 할머닌데 뭐"라고 받았다. 그녀는 최선을 다해 자기 몫의 삶을 살아낸 여성이고, 지금도 그렇다.

병원에서 모든 진료 과정을 마치고 휠체어 이동차량으로 옮겨지다가 엄마는 뜬금없이 "사람으로 태어나 사느라고 모두 애쓴다"는 말을 했다. 언어 구사력은 여타의 증상에 비해 월등히 좋은 편이어서, 몸의 해체와 달리 말에는 문화의 자국이 아직 많이 묻어 있다. 함께 간 실버타운 간호사와 나의 수고를 치하하는 말이라 생각했는데, 어쩌면 자신에게도 하는 말이었을까? 내과와 정형외과와 산부인과의 세 의사가 엄마의 상태에 대해 내린 동일한 진단은 '무엇을 어떻게 더 할 것은 없다'는 것이었다. 진행을 놓아둔 채 필요할 때 진통제나 쓰자고 했다. 아무것도 할 수 없는 채 죽음까지 진행하는 것은 그녀에게 무엇일까? 그녀의 남편과 나와 다른 자식들에게 무엇일까? 사회적으로 무엇인가? 생태적으로 무엇인가?

내 몸이 엄마의 지금 상태까지 살기를, 죽어가기를, 나는 바라지 않는다. 그보다 훨씬 이전 어느 단계에서, 스스로 목숨을 끝낼 것이다. 그렇다고 그녀의 생존함을 놓고 비난이나 비판을 하는 게 아니다. '인간의 존재함'에 대해 어느 타인도 왈가왈부할 일은 아니다. 아니, 감히 그 평은 못 하겠다는 말이 정확하다. 모르겠다는 말이 가장 정확하다. 어떤 존재에 대해서도 무가치하다거나 존엄하다거나를 말하지 않는다. 그 단어들이 가지고 있는 속임수를 더 캐어보려고 노력할 뿐이다. 다만 내 죽음에 대해서는 내가 판단하고 결정하기를 작심하며, 상황이 허락되기를 바랄 뿐이다. 그럼에도 나는 사회적 존재로서 내 위치와 행태를 가늠하려고 노력하듯, 사회적 존재로서의 엄마의 위치와 관계를 가늠하는 일을 접을 수 없다. 그 가늠이 무례하고 폭력적이며 비인간적이라는 위험을 담고 있다 하더라도, 위험이나 비난 때문에 회피하지는 않겠다. 답을 얻지 못한다 하더라도 답을 찾는 일을 그만둘 수는 없다.

타인이 한 사람의 죽어가는 과정을 노려보며 글로 써나가는 이 무례함은, 어떤 쓸모를 만들 수 있을까?

엄마는 지금 존엄한 존재인가? 모든 생명은 존엄한가? 그렇다면 죽음은 존엄의 반대인가? 적어도 모든 생명은 존엄하다든가, 모든 죽음은 존엄의 반대이거나 하지는 않다. '존엄'이라는 단어는 너무 유연해서 쓰는 사람의 욕심대로 오용되곤 한다. 존엄의 여부를 떠나 생명과 죽음은 연속이자 이면이며, 순차이고 순환이다.

내가 그녀에게 바라는 것은, 그녀가 너무 어렵지 않게 죽음에 닿는 것이다. 이미 많이 어려워졌지만 더 심하게 어렵지는 않기를, 스스로를 비참하게 느끼며 존재하지는 않기를 바란다. 혹 스스로를 비참하게 느끼는 단계는 이미 겪어버린 것일까? 대부분의 죽음은 어느 순간 들이닥치는 것이 아니라 차차 스며오는 것이어서, 되는대로 견뎌지다가, 끝이 올 때까지 견딜 수밖에 없다가, 문득 멈춰 되돌아보면 지나온 길도 다가올 일도 까마득하기 일쑤다. 여차하면 놓쳐버리지 않기 위해, 조금 아깝다 싶을 때 단호하게 죽음을 집어먹어야 한다. 회복 불가능한 방법으로.

'나 정말 죽고 싶다'고 말할 당시는 그녀가 스스로를 비참하게 느끼던 단계였고, 다르게 살고 싶다고 갈구하던 시기였다. 어쩌면 지금은 '갈구하는 능력' 자체를 잃은 건지도 모른다. 그렇다면 그녀와, 그녀의 남편과 자식들이 감당하며 애쓰고 있는 모든 노력과 마음 씀과 비용의 지불은 어떤 의미일까? 혹 그녀에게는 무의미한데 살 만한 사람들만 의미를 붙들고 있는 건 아닐까? 노력과 마음은 이 집 식구들의 개별성이라 치고, 불평등한 사회 속에서 그녀에게 불공정하게 집중되어 지불되는 비용은 무슨 의미일까? '자식의 도리' '혈연의 도리' '생명에 대한 도리' 등 천부적이라나 징그럽다나 하는 도리道理들에서, 나는 어떤 긍과 부를, 거짓과 참을 구분해낼 것인가? 개인과 개인, 개인과 사회 사이의 모순과 갈등과 권력관계 속에서, 갈수록 불가항력이 되는 빈과 부의 차별과 불공정 속에서, 자와 타의 뒤엉킴과 거리 속에서, 젊은 시절의 기여와 돌봄 베풂과 늙은 시절의 무능과 돌봄 받음 속에서, 한 사람이 죽어가는 데 드는 물적·심적 비용에는, 죽음에 닿을 때까지 자신과 타인이 지불하는 모든 비용에는 어떤 윤리와 공공성이 있는 것인가? 있어야 하는가?

삶을 똑바로 마주하고

: 최현숙의 사적이고 정치적인 에세이

ⓒ 최현숙

초판 인쇄	2018년 10월 26일
초판 발행	2018년 11월 5일

지은이	최현숙
펴낸이	강성민
편집장	이은혜
마케팅	정민호 이숙재 정현민 김도윤 안남영
홍보	김희숙 김상만 이천희

펴낸곳	(주)글항아리	출판등록 2009년 1월 19일 제406-2009-000002호
주소	10881 경기도 파주시 회동길 210
전자우편	bookpot@hanmail.net
전화번호	031-955-8891(마케팅)	031-955-8897(편집부)
팩스	031-955-2557

ISBN	978-89-6735-554-8 03300

글항아리는 (주)문학동네의 계열사입니다.

이 도서의 국립중앙도서관 출판시도서목록(CIP)은 서지정보유통지원시스템 홈페이지
(http://seoji.nl.go.kr)와 국가자료공동목록시스템(http://www.nl.go.kr/kolisnet)에서
이용하실 수 있습니다. (CIP제어번호 : CIP2018031937)